EERSTE EDITIE - Gepubliceerd in 2022

Extra grafisch materiaal van: www.freepik.com
Dank aan: Alekksall, Starline, Pch.vector, Rawpixel.com, Vectorpocket, Dgim-studio, Upklyak, Macrovector, Stockgiu, Pikisuperstar & Freepik.com Designers

Ontdek gratis online spelletjes

Hier verkrijgbaar:

BestActivityBooks.com/FREEGAMES

5 TIPS OM TE BEGINNEN!

1) HOE OP TE LOSSEN

De Puzzels zijn in een Klassiek Formaat:

- Woorden worden verborgen zonder pauzes (geen spaties, streepjes, ...)
- Oriëntatie: Voorwaarts & Achterwaarts, Boven & Beneden of in Diagonaal (kan in beide richtingen)
- Woorden kunnen elkaar overlappen of kruisen

2) ACTIEF LEREN

Naast elk woord is een spatie voorzien om de vertaling te noteren. Om actief te leren vindt u een **WOORDENBOEK** aan het einde van deze editie om uw kennis te controleren en uit te breiden. U kunt elke vertaling opzoeken en opschrijven, de woorden in de puzzel vinden en ze vervolgens aan uw woordenschat toevoegen!

3) TAG JE WOORDEN

Hebt u al geprobeerd een labelsysteem te gebruiken? U zou bijvoorbeeld de woorden die moeilijk te vinden waren kunnen markeren met een kruis, de woorden die u leuk vond met een ster, nieuwe woorden met een driehoek, zeldzame woorden met een ruit enzovoort...

4) ORGANISEER UW LEREN

Wij bieden ook een handig **NOTITIEBOEKJE** aan het eind van deze uitgave. Of u nu op vakantie, op reis of thuis bent, u kunt uw nieuwe kennis gemakkelijk ordenen zonder dat u een tweede notitieboek nodig hebt!

5) AFGESLOTEN?

Ga naar de bonussectie: **FINAAL UITDAGING** om een gratis spel te vinden dat aan het einde van deze editie wordt aangeboden!

Wil je meer leuke en leerzame activiteiten? Het is Snel en Eenvoudig!
Een hele collectie spelboeken slechts **één klik verwijderd!**

Vind uw volgende uitdaging bij:

BestActivityBooks.com/MijnVolgendeBoek

Klaar... Start!

Wist u dat er zo'n 7000 verschillende talen in de wereld zijn? Woorden zijn kostbaar.

We houden van talen en hebben hard gewerkt om de boeken van de hoogste kwaliteit voor u te maken. Onze ingrediënten?

Een selectie van onmisbare leerthema's, drie grote plakken plezier, dan voegen we er een lepel moeilijke woorden en een snuifje zeldzame woorden aan toe. We serveren ze met zorg en een maximum aan verrukking, zodat je de beste woordspelletjes kunt oplossen en veel plezier beleeft aan het leren!

Uw feedback is essentieel. U kunt een actieve bijdrage leveren aan het succes van dit boek door een recensie achter te laten. Vertel ons wat u het meest beviel in deze editie!

Hier is een korte link die u naar uw bestelpagina brengt:

BestBooksActivity.com/Recensies50

Bedankt voor uw hulp en veel plezier met het spel!

Linguas Classics

1 - Metingen

```
F  A  I  B  D  K  Q  G  P  I  N  C  H  J
W  K  V  X  W  I  D  T  H  N  C  Z  Z  P
T  Y  D  N  Z  L  L  G  S  C  O  P  Y  G
J  W  M  A  B  O  U  N  C  E  Y  I  B  C
P  D  K  Q  C  G  D  D  Z  Q  T  B  Y  L
I  M  E  T  E  R  W  E  M  I  N  U  T  E
N  A  D  P  N  A  I  E  C  R  U  Q  E  L
T  S  E  W  T  M  T  C  I  I  E  W  D  I
K  S  D  V  I  H  L  J  X  G  M  T  K  T
K  I  L  O  M  E  T  E  R  W  H  A  J  E
N  R  N  L  E  I  G  R  A  M  V  T  L  R
K  Q  G  U  T  G  L  E  N  G  T  H  A  G
E  E  T  M  E  H  Z  X  Z  X  O  P  M  Q
J  S  H  E  R  T  R  M  X  W  N  F  X  D
```

WIDTH	KILOMETER
BYTE	LENGTH
CENTIMETER	LITER
DECIMAL	MASS
DEPTH	METER
WEIGHT	MINUTE
GRAM	OUNCE
HEIGHT	PINT
INCH	TON
KILOGRAM	VOLUME

2 - Keuken

```
Z D O S P O N G E K C D J N
J I X D B H V G C N U Z V L
G V C N A S L E C I P N T R
B O R V F L N R N V S C M M
J O M T N Z L F R E E Z E R
C J W D F F O R K S A T R O
A T M L C H O P S T I C K S
P K Q K S H K O N O W E E Y
R E C I P E L A D L E J T G
O Z Y Y O J A R E B V U T R
N R H G O R Z A E Q O G L I
S U M R N A P K I N H A E L
X K H R S P I C E S B W U L
R E F R I G E R A T O R B G
```

CUPS	LADLE
CHOPSTICKS	JAR
GRILL	RECIPE
KETTLE	APRON
REFRIGERATOR	NAPKIN
BOWL	SPICES
JUG	SPONGE
SPOONS	FOOD
KNIVES	FORKS
OVEN	FREEZER

3 - Boten

```
Y  M  D  F  I  O  S  E  N  G  I  N  E  W
Q  A  J  X  T  C  A  N  O  E  N  T  I  A
D  S  N  Y  S  E  I  K  L  V  G  S  F  V
R  T  K  A  Y  A  K  W  V  Z  P  U  X  E
O  F  F  C  U  N  E  B  C  A  P  G  V  S
P  K  F  H  E  T  C  Z  X  J  S  E  A  F
E  X  R  T  F  L  I  B  V  I  D  G  N  E
J  L  Z  X  Z  U  I  C  M  Y  T  C  H  R
C  T  R  B  A  R  F  F  A  N  C  H  O  R
N  C  J  M  D  I  C  L  E  L  B  Q  R  Y
B  U  R  W  P  V  W  G  R  B  D  X  A  V
C  P  V  E  Z  E  H  X  B  M  O  Z  F  D
L  A  K  E  W  R  H  V  C  J  C  A  T  X
B  Z  F  D  Z  B  U  O  Y  H  K  F  T  A
```

ANCHOR	ENGINE
CREW	NAUTICAL
BUOY	OCEAN
DOCK	LIFEBOAT
WAVES	RIVER
YACHT	ROPE
KAYAK	FERRY
CANOE	RAFT
MAST	SEA
LAKE	

4 - Chocolade

```
A N T I O X I D A N T C C B
C C I H J J C O C O J A A Z
U O P P Y O H S A T K N C D
M U M H G G J Q L Y F D A G
S U G A R X M Q O X A Y O H
C A R A M E L U R C V W T F
W Q M R L Z X A I R O I Z V
C Q E V P H X L E A R O M A
P E A N U T S I S V I D S L
E X O T I C B T I I T W Y
R E C I P E F Y B N E A E C
X K C B I T T E R G X S E E
W M H P O W D E R E K T T K
U M C O C O N U T I Q E E M
```

ANTIOXIDANT
AROMA
BITTER
CACAO
CALORIES
EXOTIC
FAVORITE
CARAMEL
COCONUT

QUALITY
PEANUTS
POWDER
RECIPE
TASTE
CANDY
SUGAR
CRAVING
SWEET

5 - Tijd

```
A D J M Q R K C E N T U R Y
W X A F T E R W Q O H C F R
Q C Y Y Q V P G S O N T B V
F Z A Y E A R B A N N U A L
C D G L E A R L Y O C F D Z
W E E K E H K R I W C U T P
N I G H T N N I D C D T O K
M O N T H N D C K L E U D C
M W H B K V R A X O C R A P
M I N U T E Y I R C A E Y T
Y D S I L X X H H K D T G L
Y E S T E R D A Y O E V N J
A R H M O R N I N G U Q D N
L V M K W L U Z W I F R D A
```

DAY
DECADE
CENTURY
YESTERDAY
YEAR
ANNUAL
CALENDAR
CLOCK
MONTH
NOON

MINUTE
AFTER
NIGHT
NOW
MORNING
FUTURE
HOUR
TODAY
EARLY
WEEK

6 - Meditatie

```
K  B  U  P  D  F  G  H  W  E  A  H  Z  M
I  I  R  L  E  H  T  K  O  M  T  A  Z  O
P  S  N  E  C  O  O  O  I  O  T  P  C  V
O  X  Y  D  A  N  M  M  L  T  E  P  D  E
S  B  M  E  N  T  A  L  G  I  N  I  R  M
T  V  S  P  A  E  H  Z  W  O  T  N  C  E
U  D  I  E  M  U  S  I  C  N  I  E  F  N
R  P  L  A  R  N  K  S  N  S  O  S  N  T
E  J  E  C  B  V  Y  X  T  G  N  S  A  I
A  E  N  E  H  U  A  C  L  A  R  I  T  Y
T  X  C  V  P  L  R  T  S  A  B  S  U  X
G  W  E  A  W  A  K  E  I  Z  E  T  R  Y
T  H  O  U  G  H  T  S  S  O  D  M  E  G
A  C  C  E  P  T  A  N  C  E  N  N  P  F
```

ATTENTION	MENTAL
ACCEPTANCE	MUSIC
BREATHING	NATURE
MOVEMENT	OBSERVATION
EMOTIONS	SILENCE
THOUGHTS	PEACE
HAPPINESS	KINDNESS
CLARITY	AWAKE
POSTURE	

7 - Zomer

```
L F A M I L Y S Q B Z H R Z
E B E D E A I R F H B G E Y
I O E T V M V F R O F A L E
S O U A A H O A F M O R A J
U K B P C Y U R R E M D X D
R S R V A H Z J I P S E A I
E C K M T M V O E E J N T V
C A M P I N G Y N Z S T I I
S E A M O V K M D M A R O N
T J H T N S U U S U N A N G
A T O S W I M S X B D V L D
R D S Z A S L I O N A E X S
S C Y W I Z O C O K L L F O
I R M L B W R G F S S B F S
```

BOOKS
DIVING
FAMILY
MEMORIES
HOME
CAMPING
MUSIC
RELAXATION
TRAVEL
SANDALS

STARS
BEACH
GARDEN
VACATION
FOOD
JOY
FRIENDS
LEISURE
SEA
TO SWIM

8 - Vogels

```
P B H P E L I C A N P C I L
B Y E C E P I G S Z E R I O
H U R H A N G E O V A O W L
F O O I K X G U L L C W M D
A U N C N C O U H W O O Z U
S M E K B U O K I D C E G G
I P E E V C S W A N K A P W
O G A N F K E P A R R O T C
P K E R L O F L A M I N G O
B I B E R O S T O R K G F P
F N G K U O S T R I C H V V
K H C E S B W T O U C A N F
W O L Z O D U C K P E R H V
Y O S X E N F G J H H R S G
```

PIGEON	STORK
DUCK	PARROT
EGG	PEACOCK
FLAMINGO	PELICAN
GOOSE	PENGUIN
CHICKEN	HERON
CUCKOO	OSTRICH
CROW	TOUCAN
GULL	OWL
SPARROW	SWAN

9 - Behoud

```
P  J  N  H  Z  K  T  L  R  W  G  N  P  P
O  F  U  A  I  F  C  R  E  D  U  C  E  E
L  C  P  B  R  D  O  Q  C  Y  C  L  E  S
L  H  P  I  X  B  N  F  Y  G  E  E  D  T
U  E  H  T  K  B  C  H  C  S  A  C  U  I
T  M  O  A  F  X  E  A  L  S  Y  O  C  C
I  I  S  T  S  H  R  J  E  H  T  S  A  I
O  C  V  O  L  U  N  T  E  E  R  Y  T  D
N  A  T  U  R  A  L  H  W  C  Q  S  I  E
W  L  E  T  U  G  R  E  E  N  Y  T  O  I
S  S  L  U  F  C  A  J  W  A  M  E  N  Q
I  W  A  T  E  R  E  N  I  Y  L  M  N  J
C  L  I  M  A  T  E  C  I  I  N  T  B  H
C  H  A  N  G  E  S  K  R  C  P  H  H  U
```

CHEMICALS	ORGANIC
ECOSYSTEM	PESTICIDE
CYCLE	RECYCLE
HEALTH	CHANGES
GREEN	REDUCE
HABITAT	POLLUTION
CLIMATE	VOLUNTEER
NATURAL	WATER
EDUCATION	CONCERN

10 - Wiskunde

```
X  A  P  A  R  A  L  L  E  L  I  H  S  P
V  N  D  Q  P  T  R  I  A  N  G  L  E  A
V  G  E  X  P  O  N  E  N  T  S  E  M  R
P  L  H  J  Z  P  L  V  O  L  U  M  E  A
X  E  K  H  Y  B  M  Y  E  T  N  F  O  L
R  S  J  K  O  N  G  Y  G  J  F  R  G  L
E  D  I  L  P  G  J  D  P  O  D  A  G  E
C  I  R  C  U  M  F  E  R  E  N  C  E  L
T  A  Q  H  S  Y  V  C  P  W  H  T  O  O
A  M  V  U  A  Q  T  I  Q  A  Z  I  M  G
N  E  B  N  U  S  U  M  M  D  N  O  E  R
G  T  M  U  E  Q  U  A  T  I  O  N  T  A
L  E  G  O  P  E  N  L  R  V  C  Q  R  M
E  R  Q  U  H  S  Y  M  M  E  T  R  Y  N
```

DECIMAL
DIAMETER
TRIANGLE
EXPONENT
FRACTION
GEOMETRY
ANGLES
CIRCUMFERENCE
PARALLEL

PARALLELOGRAM
RECTANGLE
SUM
SYMMETRY
POLYGON
EQUATION
SQUARE
VOLUME

11 - Camping

```
G F P T X H U N T I N G Y J
W P I Y E Q A C A B I N K V
X W F R E Z Y M N A T U R E
C I D I E I J O M M D R F K
G R H G R I G O W O O Y C X
C V F O C N F N D U C B G Y
C O M P A S S I L N A K X G
L A K E F E K U Y T N O M H
A W R C O C Z J O A O M A P
N H Q P R T A A M I E M D W
T A A N E A D V E N T U R E
E Z R T S R O P E Z E C J Z
R I J S T R E E S F N I J V
N A N I M A L S V Y T J W Y
```

ADVENTURE
MOUNTAIN
TREES
FOREST
FIRE
CABIN
ANIMALS
HAMMOCK
HAT
INSECT

HUNTING
MAP
CANOE
COMPASS
LANTERN
MOON
LAKE
NATURE
TENT
ROPE

12 - Activiteiten

```
P U Z Z L E S V C T D D L S
L P L E A S U R E R A V E K
P A I N T I N G R E N L I I
S A R T C P H A A L C T S L
S E V P Q H Z R M A I T U L
A I W H U O P D I X N X R T
A R E I J T F E C A G P E M
D E Q K N O I N S T O Q D K
M A G I C G S I M I F W M Y
G D M N R R H N L O S L P H
D I L G A A I G F N Q K A H
N N X X F P N C A M P I N G
A G V C T H G H U N T I N G
V F R V S Y A C T I V I T Y
```

ACTIVITY

CRAFTS

DANCING

PHOTOGRAPHY

FISHING

HUNTING

CAMPING

CERAMICS

ART

READING

MAGIC

SEWING

RELAXATION

PLEASURE

PUZZLES

PAINTING

GARDENING

SKILL

LEISURE

HIKING

13 - Vormen

```
P F X P R I S M S G A R C C
W Y D Q P C I R C L E E Y O
V K R L L M U Q A K V C L R
M L O A L T A B O X S T I N
T H U V M R L X E Z P A N E
J M N A O I L I N E H N D R
P M D C L A D S I D E G E E
A O V A L N E A Z G R L R A
H J L A J G D C O N E E S K
Q W R Y P L G L P R M J Z V
B S L D G E E V U L C A D P
T D M K U O S Q U A R E J L
C U R V E M N S U Y Z D R Q
Z P G H Y P E R B O L A N P
```

SPHERE	CUBE
ARC	LINE
CYLINDER	OVAL
CIRCLE	PYRAMID
CURVE	PRISM
TRIANGLE	EDGES
CORNER	RECTANGLE
HYPERBOLA	ROUND
SIDE	POLYGON
CONE	SQUARE

14 - Astronomie

```
K U V A R A D I A T I O N C
C O N S T E L L A T I O N O
O J F T E L E S C O P E N S
B M S R E S K H P C I Y M M
S E Z O I A T S B L K A O O
E T D N I O R A M A A U O S
R E R O C K E T R S N N N N
V O C M L Q Q E H T E I E S
A R Q E P R U L B E B V G T
T E H R N X I L I R U E C G
O C O M E T N I K O L R S B
R Z W A A B O T B I A S B R
Y S K E X T X E G D Q E M T
A S T R O N A U T R N X P T
```

EARTH
ASTEROID
ASTRONAUT
ASTRONOMER
EQUINOX
COMET
COSMOS
MOON
METEOR
NEBULA

OBSERVATORY
PLANET
ROCKET
SATELLITE
STAR
CONSTELLATION
RADIATION
TELESCOPE
UNIVERSE

15 - Emoties

```
B E C O E V S E E T R E C T
S Q Z A B H A M M E E X W R
B F M N L H D P B N L C I A
Z I Y G I M N E A D A I O N
T A Y E S F E A R E X T B Q
I P J R S I S C R R E E L U
S U R P R I S E A N D D O I
K I N D N E S S S E E Z V L
G R A T E F U L S S S I E I
C O N T E N T G E S J D X T
N M X B B O R E D O M J R Y
S Y M P A T H Y V M C O K B
S A T I S F I E D W O Y K F
L M R E F R P X U P S V Q U
```

FEAR	TRANQUILITY
EMBARRASSED	SYMPATHY
GRATEFUL	TENDERNESS
SADNESS	SATISFIED
BLISS	SURPRISE
CONTENT	BOREDOM
CALM	PEACE
LOVE	JOY
RELAXED	KINDNESS
EXCITED	ANGER

16 - Vakantie #2

```
Q M W I T R V Z Z G S M A R
B E A C H O L I D A Y A I E
C S T A H T E S S A T P R S
F E K M J E I S X A A A P E
O A S P O N S M O K I S O R
R T Y I U T U H G D S R V
E E Q N R A R N I A L P T A
I D A G N X E D Q E N O O T
G I J Z E I R H A S H R Q I
N H S N Y U J T O Y N T J O
E J D L M O A P B T Y T R N
R E S T A U R A N T E J Z S
D E S T I N A T I O N L V S
T R A I N Q D F O R E I G N
```

DESTINATION	RESERVATIONS
FOREIGNER	RESTAURANT
FOREIGN	BEACH
ISLAND	TAXI
HOTEL	TENT
MAP	TRAIN
CAMPING	HOLIDAY
AIRPORT	VISA
PASSPORT	LEISURE
JOURNEY	SEA

17 - Weersomstandigheden

```
R  Z  T  E  M  P  E  R  A  T  U  R  E  J
A  H  K  C  J  W  I  L  W  R  Q  C  X  Z
I  R  L  Z  Q  I  R  F  Q  O  X  W  S  X
N  Q  B  Y  O  N  T  R  A  P  S  J  K  A
B  C  L  O  U  D  X  H  X  I  S  K  T  T
O  C  T  O  O  E  K  K  I  C  J  C  Y  M
W  L  H  H  U  R  R  I  C  A  N  E  F  O
X  I  U  M  J  D  L  K  E  L  J  G  M  S
U  M  N  O  D  R  O  U  G  H  T  H  P  P
E  A  D  N  F  S  D  C  G  E  G  U  O  H
R  T  E  S  E  L  T  F  W  C  O  M  L  E
K  E  R  O  S  H  O  O  P  X  Z  I  A  R
M  U  B  O  N  T  S  O  R  B  M  D  R  E
T  O  R  N  A  D  O  Y  D  M  N  F  O  G
```

ATMOSPHERE
THUNDER
DROUGHT
SKY
ICE
CLIMATE
FOG
MONSOON
HURRICANE
FLOOD

POLAR
RAINBOW
STORM
TEMPERATURE
TORNADO
TROPICAL
HUMID
WIND
CLOUD

18 - Strand

```
S  V  M  U  I  J  B  C  M  Y  S  O  U  L
E  A  X  O  S  O  V  D  U  Z  A  W  M  A
A  C  N  D  L  S  S  U  N  R  I  G  B  G
P  A  N  D  A  A  O  W  O  I  L  Q  R  O
T  T  C  F  N  N  C  R  A  B  B  C  E  O
V  I  O  T  D  D  E  Y  A  L  O  S  L  N
B  O  A  T  M  A  A  E  J  U  A  X  L  D
Q  N  S  W  M  L  N  M  F  E  T  E  A  O
D  F  T  D  P  S  N  I  I  J  R  M  F  V
H  C  Z  U  I  Y  C  V  T  O  S  W  I  M
O  K  E  F  Z  S  A  I  P  O  R  E  Q  O
S  H  E  L  L  S  D  O  C  K  W  E  E  E
I  M  E  P  I  R  I  A  I  A  T  E  E  S
H  K  Z  A  L  O  N  T  A  C  D  Q  L  F
```

BLUE	REEF
BOAT	SANDALS
DOCK	SHELLS
ISLAND	VACATION
TOWEL	SAND
CRAB	SEA
COAST	SAILBOAT
LAGOON	SUN
OCEAN	TO SWIM
UMBRELLA	

19 - Eten #2

```
J  J  P  Y  R  B  E  I  N  O  W  B  W  P
F  A  S  P  A  R  A  G  U  S  H  A  H  E
R  I  M  U  P  C  H  I  C  K  E  N  E  A
V  B  S  N  I  E  M  W  M  I  G  A  A  C
Y  L  V  H  N  G  G  H  V  W  G  N  T  H
A  P  P  L  E  G  G  B  W  I  Q  A  O  Y
C  M  I  D  A  P  B  R  E  A  D  L  M  O
H  A  M  N  P  L  X  O  A  E  T  M  A  G
E  T  Q  J  P  A  W  C  N  P  J  O  T  U
E  F  W  M  L  N  I  C  M  U  E  N  O  R
S  D  F  V  E  T  F  O  X  L  F  D  X  T
E  M  Q  Q  T  Y  I  L  T  Q  Q  I  S  X
X  N  K  S  G  V  K  I  M  D  N  R  S  I
Q  B  O  W  N  O  R  U  G  R  I  C  E  F
```

ALMOND	HAM
PINEAPPLE	CHEESE
APPLE	CHICKEN
ASPARAGUS	KIWI
EGGPLANT	PEACH
BANANA	RICE
BROCCOLI	WHEAT
BREAD	TOMATO
GRAPE	FISH
EGG	YOGURT

20 - Klimmen

```
E  L  C  A  C  P  H  Y  S  I  C  A  L  O
G  Q  P  O  L  U  H  X  R  K  D  J  X  A
U  D  F  F  J  T  R  A  I  N  I  N  G  T
I  A  M  O  N  A  I  I  N  J  U  R  Y  M
D  M  A  J  A  R  B  T  O  O  W  G  R  O
E  X  P  E  R  T  O  L  U  S  V  W  T  S
S  M  C  T  R  K  O  T  D  D  I  T  N  P
B  T  V  M  O  H  T  B  Z  J  E  T  J  H
X  N  R  H  W  M  S  S  X  V  N  L  Y  E
B  A  E  E  S  T  A  B  I  L  I  T  Y  R
C  A  V  E  N  G  L  O  V  E  S  R  E  E
K  U  I  R  E  G  T  E  R  R  A  I  N  F
C  S  K  R  P  G  T  H  I  K  I  N  G  J
T  J  I  Q  I  W  X  H  E  L  M  E  T  X
```

ATMOSPHERE	STRENGTH
EXPERT	BOOTS
PHYSICAL	INJURY
GUIDES	CURIOSITY
CAVE	TRAINING
GLOVES	NARROW
HELMET	STABILITY
ALTITUDE	TERRAIN
MAP	HIKING

21 - Restaurant #1

```
B G R E S E R V A T I O N S
O R M L E C S M E N U T Y E
W W E Z D O A S G L X I P B
L A A A Z F U C P H Y X L B
T I T L D F C O I I B K A V
O T K B L E E R O V C T T R
E R N U N E M O X D U Y E L
A E N G U K R C A S H I E R
T S A K B I V G P A N O L P
F S P C N T A S Y R Z L Q C
O Z K U J C D E S S E R T I
O S I R L H V C H I C K E N
D I N G R E D I E N T S T R
C F F H K N I F E M K F C A
```

ALLERGY
PLATE
BREAD
TO EAT
INGREDIENTS
CASHIER
KITCHEN
CHICKEN
COFFEE
BOWL

MENU
KNIFE
SPICY
RESERVATION
SAUCE
WAITRESS
NAPKIN
DESSERT
MEAT
FOOD

22 - Geologie

```
E D Z Z X K G F L U P M K J
R Q O C E Q D E W Q L T T X
O U N L R V D S Y Y A C I D
S A E A C Y O A B S T O N E
I R U V O J S L P M E M L E
O T K A R N I T C R A R A A
N Z N I A H G M A A U U Y R
F A V W L V K O V L N F E T
C A L C I U M L E F S O R H
Q F J Z Q H F T R O N W D Q
X P E U J Q H E N S B Z T U
K S N W R B E N O S T P D A
C O N T I N E N T I Z A Y K
Z I D D D P F V C L U D O E
```

EARTHQUAKE   QUARTZ
CALCIUM   LAYER
CONTINENT   LAVA
EROSION   PLATEAU
FOSSIL   STONE
GEYSER   VOLCANO
MOLTEN   ZONE
CAVERN   SALT
CORAL   ACID
CRYSTALS

23 - Specerijen

```
N X O E K F G I N G E R V A
B I T T E R E S A F F R O N
W X Q Y U D U N N O V I Q P
C A R D A M O M U U Z O X E
S A L T Q O E A F G T D S C
P A P R I K A V E A R M W Y
A N I S E R I I N R V E N
C I N N A M O N N L R Q E G
U U T D D F W Z E I M Z T K
M W R D C L C E L C O K L Y
Z C O R I A N D E R N N C Q
T V L P Y V W V A N I L L A
C L O V E O Y T M Y O O D M
C U M I N R S R S S N Y V O
```

ANISE	CLOVE
BITTER	NUTMEG
FENUGREEK	PAPRIKA
GINGER	SAFFRON
CINNAMON	FLAVOR
CARDAMOM	ONION
CURRY	VANILLA
GARLIC	FENNEL
CUMIN	SWEET
CORIANDER	SALT

24 - Groenten

```
S  X  E  G  G  P  L  A  N  T  S  N  U  A
E  A  L  K  C  P  E  A  J  K  Z  D  W  R
Q  O  L  I  V  E  U  R  A  D  I  S  H  T
Y  Z  O  A  J  T  O  M  A  T  O  J  S  I
P  P  N  Q  D  X  H  J  P  L  P  Z  H  C
K  M  U  S  H  R  O  O  M  K  A  Y  A  H
S  P  F  G  I  N  G  E  R  C  I  M  L  O
C  P  O  N  I  O  N  Q  O  U  C  N  L  K
A  F  I  G  A  R  L  I  C  C  E  G  O  E
R  J  A  N  L  T  F  W  K  U  L  J  T  B
R  H  C  X  A  U  V  X  T  M  E  R  K  Z
O  B  R  O  C  C  O  L  I  B  R  E  E  A
T  H  T  M  L  G  H  E  O  E  Y  S  X  U
P  A  R  S  L  E  Y  T  U  R  N  I  P  L
```

ARTICHOKE	PUMPKIN
EGGPLANT	TURNIP
BROCCOLI	RADISH
PEA	SALAD
GINGER	CELERY
GARLIC	SHALLOT
CUCUMBER	SPINACH
OLIVE	TOMATO
MUSHROOM	ONION
PARSLEY	CARROT

25 - Dans

```
B E B X R U I M R V E L H T
E O J I E D I O P I M I M R
X C D V H H W V O S O I U A
P H H Y E Q J E S U T J R D
R O X M A R T M T A I O H I
E R C G R A C E U L O Y Y T
S E U H S F N N R Z N F T I
S O L A A P H T E A N U H O
I G T C L A S S I C A L M N
V R U Y L R V V A A E X U A
E A R Z Y T V J H D D A S L
K P E S A N X Z U E D X I M
G H Z Z E E M Z E M N P C K
F Y I V C R W G W Y P V V T
```

ACADEMY
MOVEMENT
JOYFUL
CHOREOGRAPHY
CULTURE
EMOTION
EXPRESSIVE
GRACE
POSTURE
CLASSICAL

ART
BODY
MUSIC
PARTNER
REHEARSAL
RHYTHM
JUMP
TRADITIONAL
VISUAL

26 - Sport

```
B A S E B A L L C T E L D A
S S S H W K W T P O Y N P T
M T E A M H R O T R A N L H
P L A Y E R G S F E B C O L
W E T D B A A W L F N W H E
I C L D I F M I E E Z N Y T
N Y I M C U E M C R M W I E
N N J G Y E M G U E O O B S
E S H O C K E Y G E V Z T H
R F X O L E I J O E E P Z Y
B A S K E T B A L L M X G V
R M G E B K B U F M E Q H D
G Y M N A S I U M E N X G W
G Y M N A S T I C S T I M S
```

ATHLETE
BASKETBALL
MOVEMENT
BICYCLE
GOLF
GYMNASIUM
GYMNASTICS
HOCKEY
BASEBALL

REFEREE
GAME
PLAYER
STADIUM
TEAM
TENNIS
COACH
WINNER
TO SWIM

27 - Mythologie

```
I  K  A  C  B  W  C  U  L  T  U  R  E  M
G  X  K  C  R  E  A  T  I  O  N  M  P  O
F  L  K  V  X  Q  H  R  L  D  P  A  A  N
R  E  V  E  N  G  E  A  R  E  D  Y  F  S
D  I  S  A  S  T  E  R  V  I  G  C  E  T
L  A  B  Y  R  I  N  T  H  I  O  E  Z  E
E  N  R  B  H  S  M  J  E  Z  O  R  N  R
Z  Z  G  G  E  T  O  Q  R  F  T  R  T  D
N  W  T  L  A  R  R  I  O  F  G  K  H  J
L  G  S  W  V  E  T  I  I  M  N  D  U  N
O  J  S  N  E  N  A  E  N  T  Y  D  N  U
Y  N  B  A  N  G  L  J  E  Z  S  G  D  B
I  M  M  O  R  T  A  L  I  T  Y  T  E  E
G  G  X  G  E  H  E  R  O  R  X  Q  R  O
```

CREATION	STRENGTH
CULTURE	WARRIOR
THUNDER	LEGEND
LABYRINTH	MONSTER
BEHAVIOR	IMMORTALITY
HERO	DISASTER
HEROINE	MORTAL
HEAVEN	REVENGE

28 - Eten #1

```
C V S P S P I N A C H Q W B
I S T U A M E A T A C A F L
N A R F L C B A R L E Y T T
N L A X A I A W N S D H O O
A T W J D A S Q Y U Q N C N
M P B M P O I W T G T C Y I
O E E G A R L I C A M U Q O
N A R I L X R R G R A U N N
L R R H E P J Y S F M T T A
R J Y F M I L K S O U P M A
Y C U T O H P L M N K J W V
P A T I N X D M J B X D S G
A P R I C O T C A R R O T H
T Q X X A E B V J Q F S F T
```

STRAWBERRY	SALAD
APRICOT	JUICE
BASIL	SOUP
LEMON	SPINACH
BARLEY	SUGAR
CINNAMON	TUNA
GARLIC	ONION
MILK	MEAT
PEAR	CARROT
PEANUT	SALT

29 - Avontuur

```
N U S A F E T Y N T R T R C
A J N U Q N R W E Z G B I H
V O A U R W V Y W O L K F A
I Y T H S P T V V E D G V L
G B U D F U R B E A U T Y L
A R R A R M A I G C C N P E
T A E N I I V L S T H N N N
I V V G E D E B Z I A L U G
O E Q E N W L R D V N F F E
N R F R D J S S M I C G H S
H Y K O S R Q E P T E E D M
E X C U R S I O N Y B Q M L
S S D S E N T H U S I A S M
V O D E S T I N A T I O N A
```

ACTIVITY
DESTINATION
ENTHUSIASM
EXCURSION
DANGEROUS
CHANCE
BRAVERY
NATURE
NAVIGATION

NEW
UNUSUAL
TRAVELS
BEAUTY
CHALLENGES
SAFETY
SURPRISING
JOY
FRIENDS

30 - Circus

```
K E B S P E C T A T O R A S
A N I M A L S E J I E Q C E
C O S T U M E N U G V B V E
R C D H E S P T G E W I B J
O A Y T V X I N G R J U U E
B N D B U T D C L O W N E L
A D B S Z P U P E P C P M E
T Y L I O N T S R W G M O P
T R I C K M A G I C I A N H
Y K X F Q P A R A D E B K A
J T I C K E T G F N N U E N
B A L L O O N S I E E K Y T
E N T E R T A I N C K X L L
K P P H V C K X L B V K C M
```

MONKEY	MAGIC
ACROBAT	MUSIC
BALLOONS	ELEPHANT
CLOWN	PARADE
ANIMALS	CANDY
MAGICIAN	TENT
JUGGLER	TIGER
TICKET	SPECTATOR
COSTUME	TRICK
LION	ENTERTAIN

31 - Restaurant #2

```
L T L C P W E O M Y N M V C
X U Q D V A D R S M P G E H
C Q N S P I C E S O U P G A
Y W Y C X T M W P Z Z R E I
N A W R H E F Y A V Z F T R
W O R F O R K B V T Y Y A P
B E V E R A G E A U E P B H
L V K Y Z L I G G Z G R L N
D E L I C I O U S G G N E R
F I S H Q H M Z D X S D S W
R C N O O D L E S P A O P H
U E S N C A K E A B L J O R
I Z P O E T T O L T A N O D
T H E G Y R C Q T P D X N D
```

CAKE
DINNER
BEVERAGE
EGGS
FRUIT
VEGETABLES
DELICIOUS
ICE
SPOON
LUNCH

NOODLES
WAITER
SALAD
SOUP
SPICES
CHAIR
FISH
FORK
WATER
SALT

32 - Bijen

```
M W C A U V O B Z S F W B D
F L O W E R S E G U S J L I
M R H F P M K N A N Z Z O V
J A U O K V U E R R Z L S E
H Y E I N W Q F D J I M S R
L E I G T E G I E N P D O S
Q U E E N J Y C N Y Y B M I
P O L L E N C I N S E C T T
F P M D S J W A X W J Z B Y
O O K Q M Q T L S W A R M T
G D O A O L A K B H I V E C
G I Y D K E C O S Y S T E M
Y N K F E H A B I T A T V L
P F O W I N G S O W K Q E J
```

HIVE
FLOWERS
BLOSSOM
DIVERSITY
ECOSYSTEM
FRUIT
HABITAT
HONEY
INSECT
QUEEN

SMOKE
POLLEN
GARDEN
WINGS
FOOD
BENEFICIAL
WAX
SUN
SWARM

33 - School #1

```
F  I  E  F  A  X  K  M  Q  X  T  C  T  Y
R  Y  N  G  P  U  N  O  V  U  W  H  O  Q
I  B  P  D  Y  R  F  N  I  L  I  F  L  W
E  C  E  E  B  O  O  K  S  U  I  Z  E  I
N  L  N  S  N  K  B  J  K  N  C  S  A  O
D  A  S  K  F  C  X  K  T  C  H  C  R  A
S  S  R  I  D  I  A  E  H  A  T  N  U
E  S  J  H  T  E  D  L  A  S  I  Q  T  A
Q  R  H  Q  K  U  Y  P  C  E  R  C  A  N
F  O  L  D  E  R  S  H  H  S  X  C  G  S
U  O  L  K  O  Y  G  A  E  Q  E  C  J  W
N  M  E  O  L  L  I  B  R  A  R  Y  D  E
E  X  A  M  S  Q  K  E  P  A  P  E  R  R
M  A  R  K  E  R  S  T  M  A  T  H  W  S
```

ALPHABET	FOLDERS
ANSWERS	MARKERS
LIBRARY	PAPER
BOOKS	PENS
DESK	FUN
EXAMS	PENCIL
CLASSROOM	QUIZ
TEACHER	CHAIR
TO LEARN	FRIENDS
LUNCH	MATH

34 - Wandelen

```
Q  L  C  W  L  B  O  O  T  S  Q  H  V  C
K  S  H  A  Z  A  R  D  S  V  S  T  B  P
T  U  E  T  M  N  A  T  U  R  E  D  U  G
C  N  A  E  F  P  H  P  A  R  K  S  F  F
K  T  V  R  L  T  I  R  E  D  O  Y  Z  B
S  M  Y  R  I  N  P  N  S  T  O  N  E  S
U  A  N  I  M  A  L  S  G  W  H  O  M  C
M  P  R  E  P  A  R  A  T  I  O  N  O  C
M  C  L  I  M  A  T  E  K  L  R  I  U  L
I  F  G  X  D  H  D  G  S  D  G  C  N  I
T  O  R  I  E  N  T  A  T  I  O  N  T  F
L  L  M  O  S  Q  U  I  T  O  E  S  A  F
H  X  M  H  O  J  E  G  D  S  T  I  I  M
E  U  G  U  B  K  K  K  E  J  S  B  N  E
```

MOUNTAIN	NATURE
ANIMALS	ORIENTATION
HAZARDS	PARKS
MAP	STONES
CAMPING	SUMMIT
CLIFF	PREPARATION
CLIMATE	WATER
BOOTS	WILD
TIRED	SUN
MOSQUITOES	HEAVY

35 - Ecologie

```
T  C  U  H  S  D  W  D  M  D  C  M  M  M
F  M  A  C  L  I  M  A  T  E  C  O  K  A
V  A  S  U  R  V  I  V  A  L  D  U  G  R
E  R  U  V  A  E  G  V  P  L  A  N  T  S
G  I  F  N  X  R  V  A  R  I  E  T  Y  H
E  N  Q  A  A  S  H  D  E  I  Y  A  T  G
T  E  F  T  F  I  R  Q  R  V  N  I  T  L
A  C  L  U  Z  T  V  A  F  O  M  N  V  O
T  N  O  R  Y  Y  F  G  M  Y  U  S  Q  B
I  Y  R  E  N  A  T  U  R  A  L  G  X  A
O  H  A  H  A  B  I  T  A  T  M  Z  H  L
N  S  P  E  C  I  E  S  A  V  H  T  A  T
C  O  M  M  U  N  I  T  I  E  S  V  R  K
S  U  S  T  A  I  N  A  B  L  E  T  U  X
```

MOUNTAINS	MARINE
DIVERSITY	MARSH
DROUGHT	NATURE
SUSTAINABLE	NATURAL
FAUNA	SURVIVAL
FLORA	PLANTS
COMMUNITIES	SPECIES
GLOBAL	VARIETY
HABITAT	VEGETATION
CLIMATE	

36 - Installaties

```
C A F F O R E S T B M B V R
B O E K P C H H C E O A E O
E G R A S S F Y D A S M G O
K I T R E E U L F N S B E T
D S I V Y O L E O A Q O T S
T I L I W V L A L W I O A X
E F I B N E F F I I E O T Q
M C Z O E G W V A T J R I G
Z A E T K R X D G R W A O A
Y C R A Y E R H E R B L N R
B T F N U Z I Y F L O R A D
F U G Y K X V A D B T Y P E
X S S L G W O I J T C H S N
E S T H G M S Y V A L I V U
```

BAMBOO
BERRY
LEAF
FLOWER
TREE
BEAN
FOREST
CACTUS
FLORA
FOLIAGE

GRASS
IVY
HERB
FERTILIZER
MOSS
BOTANY
BUSH
GARDEN
VEGETATION
ROOT

37 - School #2

```
C R C S E D U C A T I O N D
A B L C W E E K E N D S T Y
L A L I T E R A T U R E S B
E C Q S B G T E A C H E R H
N K I S M R H O P F C U M O
D P B O L A A O P W F C X M
A A U R C M E R C H R J S E
R C S S C M H L Y T K J C W
Y K H W L A P E N C I L I O
R N O V N R C O M P U T E R
D K E C P E W G A B A I N K
G H S R V E T J T R R P C L
A K U C L J N F H T T C E L
V J A B B C M S B J A K C R
```

LIBRARY   PAPER
BUS   PENS
COMPUTER   PENCIL
GRAMMAR   BACKPACK
HOMEWORK   SCISSORS
CALENDAR   SHOES
TEACHER   WEEKENDS
LITERATURE   SCIENCE
EDUCATION   MATH

38 - Oceaan

```
O X A T G C D A D O Y R C E
A R Y C R X O Y S T E R R I
I L T S E C L S P C O R A L
D V G H Y W P S T D V E B T
Q W N A G H H E H O Z E J U
E L R R E A I L W R R F R R
B B S K E L N K R U I M Y T
O U L R L E T I D E S M Z L
A O C T O P U S S A L T P E
T X I T K W Z L P E X T H S
U Z M J B Y B V F Y U L I Q
N J I M W A W T I H Q Q S F
A J E L L Y F I S H X R O A
N S S P O N G E H S H L J Y
```

EEL	OCTOPUS
ALGAE	OYSTER
BOAT	REEF
DOLPHIN	TURTLE
SHRIMP	SPONGE
TIDES	STORM
SHARK	TUNA
CORAL	FISH
CRAB	WHALE
JELLYFISH	SALT

39 - Landen #2

```
O F F F R A N C E K P I R U
J W S W U Q I G S E Q R R K
U L F K S H G J X N M E C R
H G L D S Y E R H Y E L V A
K V A E I Q R W E A X A I I
J S O N A I I E E E I N N N
G N S Z D J A P A N C D D E
F D E N M A R K U G O E O D
L E B A N O N N E P A L N Y
E T H I O P I A V A J W E V
N A V L I B E R I A S L S C
L R S U K M M A L A Y S I A
S O M A L I A B I J A G A A
D E T S Y R I A I Q W C F V
```

DENMARK
ETHIOPIA
FRANCE
GREECE
IRELAND
INDONESIA
JAPAN
KENYA
LAOS
LEBANON

LIBERIA
MALAYSIA
MEXICO
NEPAL
NIGERIA
UGANDA
UKRAINE
RUSSIA
SOMALIA
SYRIA

40 - Bloemen

```
H W E H Q B C U T R P P P P
D I G A R D E N I A O A G L
Z A B G V S K I V L P S N U
J V I I R F T E S A P S E M
D M I S S W C J W V Y I D E
Z N W P Y C D O W E M O A R
B U F G H N U V Y N A N N I
B O U Q U E T S C D G F D A
J A S M I N E C L E N L E T
S U S P E O N Y O R O O L U
P E T A L I L Y V F L W I L
F S U N F L O W E R I E O I
Z D O F V P G D R M A R N P
O R C H I D A F F O D I L Y
```

PETAL	DAFFODIL
BOUQUET	ORCHID
GARDENIA	DANDELION
HIBISCUS	POPPY
JASMINE	PASSIONFLOWER
CLOVER	PEONY
LAVENDER	PLUMERIA
LILY	ROSE
DAISY	TULIP
MAGNOLIA	SUNFLOWER

41 - Huisdieren

```
P A R R O T L L A P U P P Y
I L O P A R T D P A U I W T
C O L L A R P J T W F Y A L
Y A O L K N I C U S Y T T J
V E T E R I N A R I A N E C
L X Q C A C T O T M G Z R Z
T A I L B B E T L P O A E H
Y U X A B V C O E H A U I W
K L H W I I J C G N T J S R
F D F S T S E O U J O V X E
O R I L D H D W U T L L Q D
O D S G I I B E N O X N Q Z
D Y H A M S T E R B J Z V J
Z N D L I Z A R D O G U B B
```

VETERINARIAN	COLLAR
GOAT	MOUSE
LIZARD	PARROT
HAMSTER	PAWS
DOG	PUPPY
CAT	TURTLE
KITTEN	TAIL
CLAWS	FISH
COW	FOOD
RABBIT	WATER

42 - Landschappen

```
H H N C G I C E B E R G G G
C S E B E A S W A M P E L U
C A V E Y A W L V O K A A Y
G V M A S T U T A J G P C Y
L S O C E A N G L N Y O I T
I T M H R P H O L Z D A E B
Z M O I V D E S E R T S R E
V M U L S E A N Y A K I A V
Q G N L C C D H I R J S Y N
W A T E R F A L L N F W U Z
H G A P L N U G T C S E S X
R W I S A T U N D R A U R V
J R N M K V O L C A N O L V
N R I V E R F S B D K I H A
```

MOUNTAIN
ISLAND
GEYSER
GLACIER
CAVE
HILL
ICEBERG
LAKE
SWAMP
OASIS

OCEAN
RIVER
PENINSULA
BEACH
TUNDRA
VALLEY
VOLCANO
WATERFALL
DESERT
SEA

43 - Tuin

```
U T J F E N C E T Q B U S H
N R Q G L U Z T B X E W P R
D A G A H O S E R P N P W T
B M A R R C W B G T C O E S
F P R A D A S E Y R H N E R
R O D G Q D K T R E A D D O
H L E E K M M E W E F S S C
A I N V I N E R F J T H S K
M N C G O S S R I Y N O T S
M E L Y O C Y A Q G C V B X
O I D M A H Z C S Z X E J J
C W L D H L H E E Z W L E S
K I J R D F O R C H A R D K
Z D L A W N E P M B F D P N
```

BENCH	WEEDS
FLOWER	ROCKS
TREE	SHOVEL
ORCHARD	HOSE
GARAGE	BUSH
LAWN	TERRACE
GRASS	TRAMPOLINE
HAMMOCK	GARDEN
RAKE	POND
FENCE	VINE

44 - Katten

```
P C R A Z Y T A I L L K N K
W L G B H Y X Q L D I Q N K
A A A S H Y K L J B T K P T
Q W L Y F J H G M I Z D H
I R M V F U L E U N L F I W
E X O F A U N B V D E Y J S
S C U G S N L N N E F H F B
N G S G T K C U Y P M U C X
N H E F E J M M H E S N W L
R X V P X H F U R N C T I T
V O T F T J I X S D C E L H
C U R I O U S L E E P R D M
I Z G P I D C C T N Y A R N
P E R S O N A L I T Y D W Q
```

FUR	INDEPENDENT
YARN	PERSONALITY
CRAZY	PAW
FUNNY	SLEEP
HUNTER	FAST
CLAW	PLAYFUL
LITTLE	TAIL
MOUSE	SHY
CURIOUS	WILD

45 - Beroepen #2

```
S  F  A  R  M  E  R  H  X  O  M  F  P  J
P  U  R  E  S  E  A  R  C  H  E  R  H  O
A  T  R  E  N  G  I  N  E  E  R  D  I  U
I  E  Y  G  A  R  D  E  N  E  R  E  L  R
N  A  D  L  E  D  M  V  Z  P  V  N  O  N
T  C  D  B  I  O  L  O  G  I  S  T  S  A
E  H  L  R  C  N  N  U  O  L  Q  I  O  L
R  E  C  V  V  L  G  F  S  O  Q  S  P  I
S  R  A  K  M  R  G  U  D  T  A  T  H  S
Q  O  D  E  T  E  C  T  I  V  E  D  E  T
P  H  Y  S  I  C  I  A  N  S  C  Z  R  W
L  I  B  R  A  R  I  A  N  H  T  C  K  N
I  L  L  U  S  T  R  A  T  O  R  P  P  Z
P  H  O  T  O  G  R  A  P  H  E  R  Y  V
```

PHYSICIAN	ENGINEER
LIBRARIAN	JOURNALIST
BIOLOGIST	TEACHER
FARMER	LINGUIST
SURGEON	RESEARCHER
DETECTIVE	PILOT
PHILOSOPHER	PAINTER
PHOTOGRAPHER	DENTIST
ILLUSTRATOR	GARDENER

46 - Komedie

```
E V H O W G K X E K X U Y B
J X T E L E V I S I O N H X
I M P R O V I S A T I O N C
A C T R E S S N F I J B H L
C C X G E L L F U N N Y B N
C M T J E S A U D I E N C E
H U M O R N S N W W A V L P
C J L K R W R I B T P G E A
G C C E P P Q E V H P A V R
U N N S Y V Y H X E L J E O
F P Z A B W Q S I A A M R D
L A U G H T E R S T U C G Y
C L O W N S M Q M E S M V Y
Q X F M D T X V J R E U W K
```

ACTOR
ACTRESS
APPLAUSE
CLOWNS
EXPRESSIVE
LAUGHTER
GENRE
JOKES
FUNNY

HUMOR
IMPROVISATION
PARODY
FUN
AUDIENCE
CLEVER
TELEVISION
THEATER

47 - Dagen en Maanden

```
M W E D N E S D A Y N F O S
Z O E V G R G J R T O E C U
J U N E S I Y V Y H V B T N
A N L T K K L H M U E R O D
J C L A H R H V O R M U B A
S A T U R D A Y N S B A E Y
E L N G Y K I V D D E R R Q
P E P U H G Z H A A R Y X Z
T N E S A F E Y Y Y N Z R G
E D N T V R T U E S D A Y J
M A R C H I Y H A A C I K U
B R C P V D T G R W A C S L
E R W U R A Y G V G Z W R Y
R K S Z Q Y W S M S J D L Z
```

AUGUST	MONDAY
TUESDAY	MARCH
THURSDAY	NOVEMBER
FEBRUARY	OCTOBER
YEAR	SEPTEMBER
JANUARY	FRIDAY
JULY	WEEK
JUNE	WEDNESDAY
CALENDAR	SATURDAY
MONTH	SUNDAY

48 - Beeldende Kunsten

```
J  M  A  S  T  E  R  P  I  E  C  E  E  S
P  E  P  A  I  N  T  I  N  G  G  C  L  C
E  P  E  R  S  P  E  C  T  I  V  E  U  U
N  L  O  W  A  X  U  Z  P  E  N  C  I  L
A  S  F  R  H  A  R  T  I  S  T  C  C  P
C  R  E  A  T  I  V  I  T  Y  D  H  E  T
I  T  S  B  B  R  O  D  D  J  A  A  R  U
F  I  L  M  C  H  A  R  C  O  A  L  A  R
R  P  Y  K  D  O  K  I  W  K  K  K  M  E
J  K  L  I  P  B  M  S  T  E  N  C  I  L
A  R  C  H  I  T  E  C  T  U  R  E  C  C
C  O  M  P  O  S  I  T  I  O  N  Z  S  L
J  O  R  K  U  K  E  A  S  E  L  Z  W  A
V  A  R  N  I  S  H  F  U  R  Y  S  L  Y
```

ARCHITECTURE	MASTERPIECE
ARTIST	PEN
SCULPTURE	PERSPECTIVE
CREATIVITY	PORTRAIT
EASEL	PENCIL
FILM	COMPOSITION
CHARCOAL	PAINTING
CERAMICS	STENCIL
CLAY	VARNISH
CHALK	WAX

49 - Menselijk Lichaam

```
F S D W D T J A W V P V M P
Z K H X D V Y X Z X B R Z O
M Q N O S Y X E W W T C J O
W C S K U T Z Z L E G E A F
T Q V I Q L R N W B T A Z I
R R B H G B D H C L O R F N
N U K B O V R E F O N W S G
E A N K L E P A R O G O K E
C H I N X X W R I D U I I R
K C G C I O Z T K N E E N U
D I C K T R J Z C O B U T L
J G X Z H H S M S S X D T C
M O U T H A N D S E M K U Q
A W S T O M A C H E A D D X
```

LEG	CHIN
BLOOD	KNEE
ELBOW	STOMACH
ANKLE	MOUTH
HAND	NECK
HEART	NOSE
BRAIN	EAR
HEAD	SHOULDER
SKIN	TONGUE
JAW	FINGER

50 - Familie

```
Z A Q G R A N D F A T H E R
J U A N C E S T O R I C L U
G N I E H P A T E R N A L N
R T R P I S S N Z B J X O C
A C S H L I W C M J N M G L
N H N E D S X J X O W I F E
D I C W H T G A D B T J E I
C L E H G E R T A R N H T A
H D M C I R A C U O E U E I
I H A Q E L N A G T C S Q R
L O H I F D D D H H C B V X
D O M G K Y S R T E Y A C V
X D B R I C O K E R W N N C
F A T H E R N R R N D D M B
```

BROTHER	NIECE
DAUGHTER	UNCLE
CHILDHOOD	GRANDFATHER
CHILD	AUNT
CHILDREN	FATHER
GRANDCHILD	PATERNAL
GRANDSON	ANCESTOR
HUSBAND	WIFE
MOTHER	SISTER
NEPHEW	

51 - Gebouwen

```
A C L H O S P I T A L G O T
P F A W X N P L M Q Q M B H
A A B B Z F R W L F D K S E
R C O A I E M B A S S Y E A
T T R R V N I F J Z D K R T
M O A N T Q U A T K M L V E
E R T M G F A R M C T T A R
N Y O S T A D I U M O P T J
T E R T U T S C H O O L O K
W G Y T P V O C D H W W R N
C I N E M A I W G Q O Q Y E
S Y H N Q M U S E U M T X I
C A S T L E T L G R T O E K
S U P E R M A R K E T L C L
```

EMBASSY
APARTMENT
CINEMA
FARM
CABIN
FACTORY
HOTEL
CASTLE
LABORATORY
MUSEUM

OBSERVATORY
SCHOOL
BARN
STADIUM
SUPERMARKET
TENT
THEATER
TOWER
HOSPITAL

52 - Kunst

```
P  A  I  N  T  I  N  G  S  S  F  W  E  W
C  R  H  E  L  R  J  I  Z  I  I  O  X  M
E  V  O  G  H  G  C  Y  V  M  G  M  P  H
R  I  N  S  P  I  R  E  D  P  U  S  R  M
A  S  E  U  M  O  O  D  Q  L  R  U  E  Q
M  U  S  B  R  C  G  J  O  E  E  R  S  S
I  A  T  J  S  Y  M  B  O  L  I  R  S  C
C  L  V  E  P  O  E  T  R  Y  D  E  I  O
M  K  S  C  U  L  P  T  U  R  E  A  O  M
P  O  R  T  R  A  Y  S  B  A  R  L  N  P
L  Y  W  Z  X  E  Q  C  F  C  E  I  S  L
P  E  R  S  O  N  A  L  S  A  C  S  H  E
C  O  M  P  O  S  I  T  I  O  N  M  W  X
O  R  I  G  I  N  A  L  E  X  E  Z  H  W
```

SCULPTURE	ORIGINAL
COMPLEX	PERSONAL
CREATE	POETRY
SIMPLE	PORTRAY
HONEST	COMPOSITION
FIGURE	PAINTINGS
INSPIRED	SURREALISM
MOOD	SYMBOL
CERAMIC	EXPRESSION
SUBJECT	VISUAL

53 - Beroepen #1

```
N U R S E K M J C B S F F J
R G H D G X H U N T E R R E
L T R A M B A S S A D O R W
N F W N O L Q Y T I O R O E
Q U D C T J H X B W C W G L
K D G E D I T O R A T I Y E
P H A R M A C I S T O P A R
G E O L O G I S T T R L T N
C D P I A N I S T O G U H B
S C I E N T I S T R X M L A
N Y F R C M B D W N D B E N
G A S T R O N O M E R E T K
G Z E B W Z Y B U Y F R E E
P S Y C H O L O G I S T J R
```

ATTORNEY	GEOLOGIST
AMBASSADOR	HUNTER
PHARMACIST	JEWELER
ASTRONOMER	PLUMBER
ATHLETE	MUSICIAN
BANKER	PIANIST
DANCER	PSYCHOLOGIST
DOCTOR	NURSE
EDITOR	SCIENTIST

54 - Kastelen

```
T  B  K  X  A  Y  E  M  A  F  X  C  W  K
L  O  S  X  J  W  U  M  V  I  L  J  B  I
W  Y  W  O  C  A  T  A  P  U  L  T  Y  N
F  L  O  E  T  R  V  S  H  I  E  L  D  G
N  V  R  R  R  M  L  C  N  N  R  Y  P  D
C  I  D  K  Q  O  P  R  I  N  C  E  A  O
U  N  I  C  O  R  N  K  X  K  R  C  L  M
U  P  J  R  R  D  U  N  G  E  O  N  A  T
C  A  V  J  B  T  D  I  O  J  W  Y  C  X
F  E  U  D  A  L  R  G  V  B  N  C  E  V
E  R  G  H  A  T  A  H  G  K  L  L  Y  A
W  A  L  L  J  E  G  T  P  Y  B  E  S  H
H  O  R  S  E  F  O  D  Y  N  A  S  T  Y
C  I  L  P  R  I  N  C  E  S  S  I  V  L
```

DRAGON	WALL
DYNASTY	HORSE
NOBLE	PALACE
UNICORN	PRINCE
FEUDAL	PRINCESS
ARMOR	KNIGHT
CATAPULT	EMPIRE
DUNGEON	SHIELD
KINGDOM	TOWER
CROWN	SWORD

55 - Insecten

```
G L M O T H F S T M I F Q E
L R A A N T V D E O B E E Z
L U A R N F F J R S U Z M P
F Q R S V T O L M Q T E X S
S U T J S A I S I U T N F V
S C S F M H C S T I E G E D
I T Q P A O O O E T R E B R
A P H I D R C P H O F L E A
H G J Z R N K Y P P L Z E G
B B P F X E R K V E Y P T O
W E A Y V T O D W O R M L N
W E I W Q W A S P H Y Y E F
C I C A D A C X B C E X Y L
S X D S D T H O X J F G U Y
```

MANTIS	ANT
BEE	MOTH
APHID	MOSQUITO
CICADA	GRASSHOPPER
HORNET	TERMITE
COCKROACH	BUTTERFLY
BEETLE	FLEA
LARVA	WASP
DRAGONFLY	WORM

56 - Antarctica

```
W U V C C L I Z W B W M E S
S G U I O L Y Y U U L I N C
C L U B U N O I Z M V N V I
W A T E R S T U R T S E I E
Y C P N Z N N I D C F R R N
I I S L A N D S N S G A O T
P E N I N S U L A E W L N I
M R U A P E N G U I N S M F
Z S G E O G R A P H Y T E I
J T O P O G R A P H Y M N C
R E S E A R C H E R F I T J
G F D L C M Y R O C K Y C D
C O N S E R V A T I O N W E
E X P E D I T I O N B A Y O
```

BAY
CONSERVATION
CONTINENT
ISLANDS
EXPEDITION
GEOGRAPHY
GLACIERS
ICE
MINERALS

ENVIRONMENT
RESEARCHER
PENGUINS
ROCKY
PENINSULA
TOPOGRAPHY
WATER
SCIENTIFIC
CLOUDS

57 - Ballet

```
M U S C L E S I N K E R C S
Z U P R A C T I C E X E H T
Y T S G E S T U R E P H O Y
A R T I S T I C J E R E R L
J T T E C H N I Q U E A E E
O R C H E S T R A T S R O G
J F C V H F A F G Y S S G R
I H T Y S A D P D I I A R A
L W S Z G U A I P A V L A C
P H X F T L N L K L E Y P E
A U D I E N C E E Z A C H F
M C B A L L E R I N A U Y U
S K I L L O R H Y T H M S L
C I N T E N S I T Y S H Q E
```

APPLAUSE
ARTISTIC
BALLERINA
CHOREOGRAPHY
DANCERS
EXPRESSIVE
GESTURE
INTENSITY
MUSIC
ORCHESTRA

PRACTICE
AUDIENCE
REHEARSAL
RHYTHM
GRACEFUL
MUSCLES
STYLE
TECHNIQUE
SKILL

58 - Vissen

```
G  B  B  O  A  T  C  G  I  L  L  S  H  E
J  A  W  E  Z  M  K  C  Z  A  G  E  O  X
H  S  E  O  A  V  K  Y  O  G  S  A  O  A
N  K  E  E  N  C  F  W  C  O  L  S  K  G
V  E  I  Q  H  H  H  A  E  M  K  O  V  G
M  T  R  U  B  A  I  T  A  F  P  N  Q  E
P  A  T  I  E  N  C  E  N  I  Q  T  M  R
P  T  D  P  V  W  I  R  E  N  S  H  G  A
S  J  E  M  W  E  K  U  H  S  I  J  L  T
F  B  K  E  Z  Z  R  S  N  U  A  B  A  I
U  U  I  N  W  E  I  G  H  T  Y  Q  K  O
Q  O  U  T  O  H  R  U  J  V  X  B  E  N
H  S  U  U  J  J  L  F  W  Y  N  J  K  T
B  G  P  O  Z  D  R  X  B  J  C  A  D  Y
```

BAIT	BASKET
EQUIPMENT	LAKE
BOAT	OCEAN
WIRE	EXAGGERATION
PATIENCE	RIVER
WEIGHT	SEASON
HOOK	BEACH
JAW	FINS
GILLS	WATER
COOK	

59 - Fruit

```
T  Z  Z  G  B  W  M  P  C  E  L  G  I  V
W  N  C  V  A  U  Q  A  E  H  B  A  G  Q
C  O  C  O  N  U  T  P  L  A  E  P  S  G
L  J  N  R  A  Q  K  A  E  P  R  R  O  C
P  L  E  A  N  K  C  Y  M  I  R  I  R  P
I  R  C  P  A  W  I  A  O  N  Y  C  A  Y
N  A  T  P  Z  M  Y  W  N  E  L  O  N  Z
K  V  A  L  H  E  N  S  I  A  S  T  G  T
J  O  R  E  G  L  N  Y  W  P  T  E  E  F
Q  C  I  H  Z  O  Z  U  M  P  L  U  M  N
M  A  N  G  O  N  L  K  J  L  S  M  N  F
M  D  E  G  R  A  P  E  F  E  H  K  G  M
N  O  G  P  E  A  C  H  A  R  D  H  Z  W
H  I  G  R  A  S  P  B  E  R  R  Y  Q  M
```

APRICOT	KIWI
PINEAPPLE	COCONUT
APPLE	MANGO
AVOCADO	MELON
BANANA	NECTARINE
BERRY	ORANGE
LEMON	PAPAYA
GRAPE	PEAR
RASPBERRY	PEACH
CHERRY	PLUM

60 - Literatuur

```
R F U Z B A U T H O R G D A
D W F V A I P A C U U G J N
I V M V T P O E T I C B X E
H S E Z T A N G S T Y L E C
A F T R H Y M E R Y G I P D
T R A G E D Y A M A B O O O
D O P U M J X D Q O P D E T
I P H A E A B L T A F H M E
A I O B A N A L Y S I S Y P
L N R Y N A P H X S C B I F
O I D K F L Z X O H T C I D
G O K O C O M P A R I S O N
U N C B E G Y E Q N O V E L
E F O R H Y T H M X N D Y W
```

ANALOGY	METAPHOR
ANALYSIS	POETIC
ANECDOTE	RHYME
AUTHOR	RHYTHM
BIOGRAPHY	NOVEL
DIALOGUE	STYLE
FICTION	THEME
POEM	TRAGEDY
OPINION	COMPARISON

61 - Technologie

```
D C N M C B E I G A V E U B
A M U J N L N C L Q U L Y X
T E J R I B S R B Y T E S I
A L D M S U V I R T U A L K
V F L E B O S J O U R Z W K
U B V S O Q R Y W W V M O R
S B D S T A T I S T I C S E
O R E A S C R E E N J L V S
F D I G I T A L R F I L E E
T O M E U C O M P U T E R A
W N N V I R U S E N F B M R
A I N T E R N E T R F L P C
R S E C U R I T Y O A O R H
E E Q A C G D D B E Y G B I
```

MESSAGE
FILE
BLOG
BROWSER
BYTES
CAMERA
COMPUTER
CURSOR
DIGITAL
DATA

INTERNET
FONT
RESEARCH
SCREEN
SOFTWARE
STATISTICS
SECURITY
VIRTUAL
VIRUS

62 - Boeken

```
C C T R X P A G E A K V P I
O O R Z C A R E A D E R O N
L N A E P I C N O N G R E V
L T G L L G V T O F W C T E
E E I X L E P D D V I U R N
C X C F N R V U N V E N Y T
T T O I M L S A F R V L K I
I S D P N I F L N L J X N V
O Z X V O T P I E T K V F E
N N A D V E N T U R E W H X
S T O R Y R M Y A U T H O R
Z Y O X K A W R I T T E N A
H I S T O R I C A L K W H I
J I E Y J Y H U M O R O U S
```

AUTHOR
ADVENTURE
PAGE
COLLECTION
CONTEXT
DUALITY
EPIC
POEM
WRITTEN
HISTORICAL

HUMOROUS
INVENTIVE
READER
LITERARY
POETRY
RELEVANT
NOVEL
TRAGIC
STORY

63 - Meer Informatie

```
D  Y  S  T  O  P  I  A  N  X  U  E  X  F
M  Y  S  T  E  R  I  O  U  S  T  X  I  U
B  O  O  K  S  J  A  G  A  T  O  P  L  T
L  Q  O  E  F  O  B  C  L  Z  P  L  L  U
S  C  E  N  A  R  I  O  L  O  I  O  U  R
F  M  J  L  U  R  P  Y  H  E  A  S  S  I
T  E  C  H  N  O  L  O  G  Y  S  I  I  S
R  X  B  Z  N  B  A  C  F  W  C  O  O  T
Z  A  P  P  L  O  N  F  I  R  E  N  N  I
W  A  D  X  D  T  E  Q  X  N  R  Q  N  C
F  A  N  T  A  S  T  I  C  L  E  Q  K  F
G  A  L  A  X  Y  N  W  Q  P  R  M  H  D
R  E  A  L  I  S  T  I  C  K  Y  O  A  K
E  X  T  R  E  M  E  W  O  R  L  D  K  L
```

CINEMA	ORACLE
BOOKS	PLANET
FIRE	REALISTIC
DYSTOPIA	ROBOTS
EXPLOSION	SCENARIO
EXTREME	GALAXY
FANTASTIC	TECHNOLOGY
FUTURISTIC	UTOPIA
ILLUSION	WORLD
MYSTERIOUS	

64 - Regenwoud

```
A M B R E S T O R A T I O N
M K O C C U C S I P D V D C
P V L S N R N U N R A I I O
H D F L S V L Z D E R C V K
I U K S B I T Z I S A O E H
B I R D S V F N G E B M R I
I W E J H A S A E R O M S N
A L F W H L P T N V T U I S
N J U N G L E U O A A N T E
S G G J J L C R U T N I Y C
U K E M C L I E S I I T G T
C L O U D S E B X O C Y L S
W R T I T U S K W N A J N K
C L I M A T E T D M L F M W
```

AMPHIBIANS
PRESERVATION
BOTANICAL
DIVERSITY
COMMUNITY
INDIGENOUS
INSECTS
JUNGLE
CLIMATE

MOSS
NATURE
SURVIVAL
RESTORATION
SPECIES
REFUGE
BIRDS
CLOUDS

65 - Haartypes

```
Z  T  I  X  H  E  H  S  G  H  O  D  S  W
A  H  H  Z  L  X  Z  Y  B  W  S  U  G  H
L  I  V  I  D  F  L  R  B  M  I  B  G  I
V  N  B  X  C  V  C  O  Q  O  L  Q  C  T
L  T  D  W  B  K  B  U  C  P  V  E  W  E
C  O  L  O  R  E  D  A  Y  K  E  W  U  O
C  B  R  A  I  D  E  D  C  U  R  L  S  B
U  L  D  S  Y  I  H  T  I  J  O  O  O  A
R  A  B  R  O  W  N  E  W  X  U  N  F  L
L  C  L  K  Y  D  G  R  A  Y  T  G  T  D
Y  K  O  S  C  A  L  P  V  L  H  G  A  J
M  B  N  A  E  H  M  B  Y  C  T  Z  J  O
D  V  D  V  O  S  H  O  R  T  U  H  K  A
P  V  D  Q  B  T  X  S  T  H  B  Q  Y  U
```

BLOND	SCALP
BROWN	BALD
THICK	SHORT
DRY	CURLS
THIN	CURLY
COLORED	LONG
BRAIDED	WHITE
HEALTHY	SOFT
WAVY	SILVER
GRAY	BLACK

66 - Stad

```
A C S U N I V E R S I T Y X
M I L C F U I C Q T B A N K
L N R I H O T E L O O G J N
U E M P N O K N S R O B I E
Z M A H O I O O U E K A B L
O A R A S R C L P G S K B I
O J K R C J T H E A T E R B
Q W E M J H X N R L O R H R
V Q T A O S R D M L R Y M A
Q F G C M I H H A E E D Z R
K N W Y W U B Z R R K S T Y
F L O R I S T M K Y U J C Y
L W V C X M U S E U M D R K
S T A D I U M X T Y I Y F M
```

PHARMACY	CLINIC
BAKERY	AIRPORT
BANK	MARKET
LIBRARY	MUSEUM
CINEMA	SCHOOL
FLORIST	STADIUM
BOOKSTORE	SUPERMARKET
ZOO	THEATER
GALLERY	UNIVERSITY
HOTEL	STORE

67 - Natuur

```
E A R C T I C L O U D S A Z
R R S A N C T U A R Y M K X
I D O G J C N B F J D Y X X
V A Y S H E L T E R G I I H
E N H N I Z I F O G R Q O C
R I S W A O T R O P I C A L
L M N I H M N W Y R L P K I
U A V L B W I Y R H E D K F
L L N D C R J C Z P A S B F
D S P R F G G V Y C P F T S
S E R E N E D I S B T P E A
F O L I A G E T D E S E R T
G L A C I E R A B E A U T Y
F W T T H D J L C S H F K W
```

ARCTIC	FOG
BEES	RIVER
FOREST	BEAUTY
ANIMALS	SHELTER
DYNAMIC	SERENE
EROSION	TROPICAL
FOLIAGE	VITAL
GLACIER	WILD
SANCTUARY	DESERT
CLIFFS	CLOUDS

68 - Dinosaurussen

```
P O M N I V O R E S E D E Q
I R E P T I L E W P V I A G
V H E R B I V O R E O S R J
V R K H V P F H P C L A T C
C A R N I V O R E I U P H G
U P P H C S Z L S E T P Q E
F T W O I P T P O S I E P T
F O E N O R M O U S O A P M
T R K Y U Q K W R Z N R L A
A A A X S I Z E U I L A A M
V M I C E S P R E Y C N R M
G H G L W C Z F M C G C G O
W I N G S U N U A K R E E T
F O S S I L S L U E E W O H
```

EARTH
CARNIVORE
ENORMOUS
EVOLUTION
FOSSILS
LARGE
SIZE
HERBIVORE
POWERFUL
MAMMOTH

OMNIVORE
PREHISTORIC
PREY
REPTILE
RAPTOR
SPECIES
TAIL
DISAPPEARANCE
VICIOUS
WINGS

69 - Zoogdieren

```
J P N O M M D T Z N G X D H
N C O Z E V H X B I O P R S
O A A T G O R I L L A H Y K
F T A M B U L L O G T R L U
D O N K E Y R A B B I T C O
O Y W H A L E G I G K L O L
L M H O V F O F I K X I Y K
P G G R E M Q T F R A O O K
H U Y S R C O Q Q X A N T V
I E L E P H A N T G X F E S
N K F F D O G O K Q C M F E
F W O A W O L F S E X A M E
L Q X J I G C B T L Y Y T J
K A N G A R O O Z P G H W S
```

MONKEY	KANGAROO
BEAVER	CAT
COYOTE	RABBIT
DOLPHIN	LION
DONKEY	ELEPHANT
GOAT	HORSE
GIRAFFE	BULL
GORILLA	FOX
DOG	WHALE
CAMEL	WOLF

70 - 1 Jaar Geleden

```
C D C F P X E Y T I H A G I
H I E F A X F I W V E R E N
A N W C T Z F Y M B L T N T
R D X P I X I F R B P I E E
M E P R E S C W R O F S R L
I P A A N M I Y I W U T O L
N E S C T O E V B S L I U I
G N S T O D N A E U E C S G
S D I I Y E T J X T N F U E
B E O C O S M F E U P V T N
W N N A U T C U R I O U S T
J T A L T F M N O H A Y O P
R M T C L E A N G O O D B E
F F E Q K V S Y P J U L K Y
```

ARTISTIC
HELPFUL
MODEST
DECISIVE
CHARMING
EFFICIENT
PASSIONATE
GOOD
FUNNY

GENEROUS
INTELLIGENT
CURIOUS
INDEPENDENT
PATIENT
PRACTICAL
CLEAN
WISE

71 - Kampioenschap

```
X A L M T O B R E A T H E A
C G Y F B O J I V T E A M X
C E E B J S U Q W X N X E E
O T U G B L D R T J Z K D M
S T R A T E G Y N P W O A O
I R B M O A E S V A K L L T
C F E E N G J L C A M Q F I
D H U S T U A X U X W E I V
Q D A C P E K I S S Z K N A
Z U E M C O A C H U O M A T
P E R S P I R A T I O N L I
B O R U J I D T T N Z S I O
C H A M P I O N S H I P S N
V I C T O R Y N R C X S T W
```

TO BREATHE	JUDGE
FINALIST	SPORTS
GAMES	STRATEGY
CHAMPION	TEAM
CHAMPIONSHIP	TOURNAMENT
LEAGUE	COACH
MEDAL	PERSPIRATION
MOTIVATION	VICTORY

72 - Exploratie

```
R  U  U  N  K  N  O  W  N  F  O  M  O  Z
B  M  S  A  J  A  P  E  R  I  L  O  U  S
A  C  T  I  V  I  T  Y  T  E  X  D  Y  L
N  U  L  E  T  R  A  V  E  L  F  I  J  U
I  I  Q  A  X  H  A  Z  A  R  D  S  U  G
M  T  C  R  N  H  W  H  N  H  E  T  S  I
A  F  R  M  M  G  A  I  H  Z  L  A  T  H
L  S  P  A  C  E  U  U  L  X  L  N  E  I
S  H  X  G  K  B  L  A  S  D  G  T  R  N
T  O  L  E  A  R  N  D  G  T  C  C  R  E
D  I  S  C  O  V  E  R  Y  E  I  M  A  W
C  O  U  R  A  G  E  U  T  E  U  O  I  D
C  U  L  T  U  R  E  S  R  H  H  C  N  Z
D  E  T  E  R  M  I  N  A  T  I  O  N  F
```

ACTIVITY	UNKNOWN
DETERMINATION	DISCOVERY
CULTURES	TRAVEL
ANIMALS	SPACE
PERILOUS	LANGUAGE
HAZARDS	TERRAIN
TO LEARN	EXHAUSTION
COURAGE	DISTANT
NEW	WILD

73 - Voertuigen

```
B  T  M  V  P  V  S  U  B  W  A  Y  X  Z
J  I  I  H  E  L  I  C  O  P  T  E  R  N
L  L  C  R  O  C  K  E  T  R  U  C  K  J
K  G  Y  Y  E  A  I  R  P  L  A  N  E  H
S  E  S  C  C  S  U  G  M  E  T  F  J  C
C  H  B  R  M  L  F  E  R  R  Y  M  T  O
A  M  O  L  O  A  E  Q  D  S  U  F  A  S
R  P  A  F  T  T  R  A  C  T  O  R  L  C
X  T  T  I  O  T  P  F  B  U  S  L  G  O
D  A  E  T  R  F  M  I  T  R  A  I  N  O
J  X  A  M  B  U  L  A  N  C  E  P  T  T
V  I  S  B  Q  S  U  B  M  A  R  I  N  E
W  I  C  A  R  A  V  A  N  F  M  L  M  R
H  N  Y  S  S  P  R  B  E  U  J  T  G  K
```

AMBULANCE	SUBMARINE
CAR	ROCKET
TIRES	SCOOTER
BOAT	TAXI
BUS	TRACTOR
CARAVAN	TRAIN
BICYCLE	FERRY
HELICOPTER	AIRPLANE
SUBWAY	RAFT
MOTOR	TRUCK

74 - Geografie

```
W E S T S O U T H R V C U T
O M Q G J E X B L S S O P J
R I Y U G C A E F Q P N H C
L O K G A I S L A N D T E M
D A D C X T N Z J W N I M A
F U R P H Y O H Z C Q N I P
R I V E R N R R M K J E S M
D L C N V D T K E D C N P O
R E G I O N H Q R P O T H U
A T L A S A L T I T U D E N
L A T I T U D E D W N M R T
K U X W V A C L I Y T U E A
O C E A N W O O A U R V S I
U P F H F Y U D N K Y H U N
```

ATLAS	MERIDIAN
MOUNTAIN	NORTH
LATITUDE	OCEAN
CONTINENT	REGION
ISLAND	RIVER
EQUATOR	CITY
HEMISPHERE	WORLD
ALTITUDE	WEST
MAP	SEA
COUNTRY	SOUTH

75 - Kunstbenodigdheden

```
C O L O R S T C L A Y W C B
R K A Q I P A I N T S G R D
E X B E D A B R U S H E S I
A F X N C S L R P E B E S G
T H T W A T E R C O L O R S
I Q P Z M E P R W X S U R C
V Y H T E L L P A G S R P H
I F L E R S J Q C S L O A A
T J I I A U C K R P E U P R
Y W D B N W Q I Y X S R E C
Q A O A D K M F L U R T R O
O T H O P E N C I L S V A A
I E A S E L F R C H A I R L
L R T Z Y H K H P V H P B P
```

ACRYLIC	COLORS
WATERCOLORS	GLUE
BRUSHES	OIL
CAMERA	PAPER
CREATIVITY	PASTELS
EASEL	PENCILS
ERASER	CHAIR
CHARCOAL	TABLE
INK	PAINTS
CLAY	WATER

76 - Barbecues

```
S A L T N F R U I T X X E D
M U S I C A P N F O R K S I
D K U Q U M W T I M B F A N
I W M K N I V E S A N W U N
W I M M P L M T P T M P C E
J D E Y C Y U G E O G X E R
Y G R I L L T N P E P P E R
C H I C K E N V C S G H J O
X X R W E P L B O H X U O U
B O I N V I T A T I O N W T
Q V E G E T A B L E S G Z V
A W A K I K P H B D I E F G
S A L A D S F T Q R E R R G
N M J O N I O N S S U G Q Y
```

DINNER	MUSIC
FAMILY	PEPPER
FRUIT	SALADS
GRILL	SAUCE
VEGETABLES	TOMATOES
HOT	ONIONS
HUNGER	INVITATION
CHICKEN	FORKS
LUNCH	SUMMER
KNIVES	SALT

77 - Wetenschappelijke Discip

```
M U L M H R O B O T I C S A
E I C A E B O T A N Y G I N
C O N F W T V Y V X V E M A
H G R E D H E A B O S O M T
A N E U R O L O G Y C L U O
N I P U Q A Z T R D W O N M
I R Y W Z P L X F O E G O Y
C S O C I O L O G Y L Y L T
S I E B I O L O G Y H O O Z
P S Y C H O L O G Y O N G Z
C N T P H Y S I O L O G Y Y
B I O C H E M I S T R Y D B
K A B N X E C O L O G Y B O
A R C H A E O L O G Y K R B
```

ANATOMY	MECHANICS
ARCHAEOLOGY	METEOROLOGY
BIOCHEMISTRY	MINERALOGY
BIOLOGY	NEUROLOGY
ECOLOGY	BOTANY
PHYSIOLOGY	PSYCHOLOGY
GEOLOGY	ROBOTICS
IMMUNOLOGY	SOCIOLOGY

78 - Bijvoeglijke Naamwoorden

```
P  S  F  T  O  M  R  P  H  P  X  T  P  H
U  U  V  U  M  H  N  O  R  M  A  L  R  U
R  T  B  Q  Z  N  E  W  P  O  D  V  O  N
E  R  S  I  Q  Y  A  T  F  Z  U  N  D  G
D  E  S  C  R  I  P  T  I  V  E  D  U  R
N  V  G  U  T  N  C  S  U  F  Q  R  C  Y
G  I  F  T  E  D  R  A  L  R  T  Z  T  Z
O  S  H  I  N  R  E  L  Z  E  A  V  I  P
R  T  E  R  A  A  A  T  N  V  E  L  V  W
O  R  A  E  B  M  T  Y  A  M  D  P  E  I
E  O  L  D  Q  A  I  D  P  Y  W  M  Y  L
W  N  T  T  A  T  V  S  F  N  W  Y  A  D
W  G  H  S  F  I  E  F  Z  U  S  I  U  C
F  N  Y  F  L  C  G  G  C  P  Y  U  I  Y
```

GIFTED	NORMAL
DESCRIPTIVE	PRODUCTIVE
CREATIVE	SLEEPY
DRAMATIC	STRONG
HEALTHY	PROUD
HUNGRY	WILD
TIRED	SALTY
NATURAL	PURE
NEW	

79 - Kleding

```
S  P  A  J  A  M  A  S  K  F  G  B  Q  W
H  A  P  Q  B  M  D  I  G  T  W  P  G  O
I  N  N  A  J  B  R  A  C  E  L  E  T  L
R  T  X  D  G  Y  E  F  F  L  S  M  G  J
T  S  E  P  A  T  S  J  A  C  K  E  T  X
J  K  D  O  K  L  S  D  S  K  O  J  K  N
L  O  G  Q  S  Z  S  O  H  F  C  A  W  E
K  E  O  F  Q  C  T  F  I  U  P  G  T  C
B  L  O  U  S  E  A  S  O  B  E  L  T  K
R  Q  R  J  O  W  Z  R  N  H  T  O  N  L
S  H  O  E  C  Z  K  F  F  A  L  V  M  A
L  B  O  S  K  C  N  L  N  T  H  E  F  C
I  I  S  Y  S  K  I  R  T  C  N  S  L  E
A  P  R  O  N  S  W  E  A  T  E  R  L  X
```

BRACELET	PAJAMAS
BLOUSE	BELT
PANTS	SKIRT
GLOVES	SANDALS
HAT	SHOE
COAT	APRON
JACKET	SHIRT
DRESS	SCARF
NECKLACE	SOCKS
FASHION	SWEATER

80 - Vliegtuigen

```
D Q U J E I Q F C F J G A P
U E N G I N E U R L B Q I A
X J S E A V Y E E F V W R S
B F I C P I W L W Q D C Y S
H A D V E N T U R E A C G E
N E X W S N H I S T O R Y N
T O I C K W T N V V K P Z G
R H F G Y N A V I G A T E E
P F C B H V D E S I G N E R
D I R E C T I O N D I U M D
B A L L O O N W E U M Z O D
A N N O T U R B U L E N C E
B L T N T W L A N D I N G K
C O N S T R U C T I O N Y A
```

DESCENT
ADVENTURE
BALLOON
CREW
CONSTRUCTION
FUEL
HISTORY
SKY
HEIGHT

LANDING
AIR
ENGINE
NAVIGATE
DESIGN
PASSENGER
PILOT
DIRECTION
TURBULENCE

81 - Herbalisme

```
C Q N H W M J F L O W E R V
A U B X V C A F A T H Y M E
R A L D B X E L V F T O E P
O L M I I Z Y A E E T X F Z
M I A L N S P V N N A L W C
A T R L G A A O D N R Q C N
T Y J Y R F R R E E R T H P
I E O Z E F S Y R L A G F U
C A R E D R L O R E G A N O
H R A U I O E B H E O R Y V
K Q M E E N Y Z F M N L V L
V U N F N G A R D E N I F H
Z E C Z T I G G O M T C A X
G R E E N O T F B A S I L X
```

AROMATIC	LAVENDER
BASIL	MARJORAM
FLOWER	OREGANO
CULINARY	PARSLEY
DILL	SAFFRON
TARRAGON	FLAVOR
GREEN	THYME
INGREDIENT	GARDEN
GARLIC	FENNEL
QUALITY	

82 - Meubels

```
H M P B I G B M M C A N P C
L A M P F U T O N I B A I O
P T M C H A I R O F R N L M
B T Q M B E N C H K N R L F
E R U G O O U K N R C O O O
D E F D C C P H H N O A W R
H S N B B A K G D N O C S T
W S X I F E R I X D G U N E
J F T A O L N Q G R Z S W R
A R M C H A I R H E N H X S
T L X Y X Y L D E S K I H D
D G C U R T A I N S Z O W L
S H E L V E S V X E E N R C
S N K Y N E U X P R B S X C
```

BENCH
BED
BOOKCASE
DESK
COMFORTERS
DRESSER
ARMCHAIR
FUTON
CURTAINS

HAMMOCK
PILLOW
CUSHIONS
LAMP
MATTRESS
SHELVES
MIRROR
CHAIR
RUG

83 - Piraten

```
G I V D C T C G O Q L C T A
Q I T O W Y J I W C J A R D
D S W O R D Z N U A E L E V
F L A G P Y Q M A P S B A E
Q A E B A D L C N T L K S N
D N X G E D T S C A R B U T
N D C O E A O S H I C P R U
K P E L A N C M O N O A E R
I X D D E G D H R G M R V E
O C E A N E X F B Y P R S E
W W V A R R E J J Q A O G E
T P X C R E W U X Y S T U I
Y K S P U D R U M V S G U U
D M I C C Y S H I A I K D O
```

ANCHOR
ADVENTURE
CREW
ISLAND
DANGER
GOLD
CAVE
MAP
CAPTAIN
COMPASS

LEGEND
SCAR
OCEAN
PARROT
RUM
TREASURE
BAD
BEACH
FLAG
SWORD

84 - Om in te Vullen

```
B B C R A T E S B U C K E T
A O Y C T D V U A W F K B Z
S X T K T R R I R R M T F G
K X U T J A R T R T R A Y W
E K B Y L W L C E E X O O M
T E E V Y E V A L B O S P R
P K N M T R L S V A S E A M
B X K V Z A F E W S W J C X
C I B X E K S O R I I F K X
F A B D V L I S A N A N E B
V Y R B Z F O L D E R D T W
E K E T U S C P P O C K E T
M B C X O X Q H E G S K M U
W A Q D F N V V U K H W H A
```

BASIN	CRATE
TUBE	DRAWER
TRAY	BASKET
BOX	FOLDER
BUCKET	PACKET
ENVELOPE	JAR
BOTTLE	VASE
CARTON	BARREL
SUITCASE	POCKET

85 - Surfen

```
R  J  S  F  S  T  R  E  N  G  T  H  A  C
S  S  A  O  C  P  A  D  D  L  E  I  R  R
D  P  Y  A  T  H  L  E  T  E  J  O  O  O
R  E  R  M  W  E  A  T  H  E  R  C  B  W
E  E  W  A  V  E  T  M  L  S  J  E  E  D
X  D  E  H  Y  Y  C  Z  P  N  A  A  A  S
T  U  V  F  U  N  E  I  Z  I  T  N  C  B
R  M  H  Y  P  H  G  I  J  W  O  X  H  E
E  Z  S  T  O  M  A  C  H  T  X  N  B  G
M  M  M  O  P  T  T  T  V  U  S  N  B  I
E  D  L  S  U  N  O  A  F  C  T  C  C  N
U  R  Q  W  L  N  Q  A  I  M  Y  O  L  N
Y  K  U  I  A  R  V  F  Q  K  L  G  L  E
F  N  O  M  R  U  Y  R  E  S  E  L  B  R
```

ATHLETE	FUN
BEGINNER	POPULAR
EXTREME	REEF
WAVE	FOAM
CHAMPION	SPEED
STRENGTH	SPRAY
STOMACH	STYLE
CROWDS	BEACH
OCEAN	WEATHER
PADDLE	TO SWIM

86 - Rijden

```
P  W  P  D  A  N  G  E  R  E  Q  K  M  V
P  M  O  T  O  R  C  G  T  A  P  G  O  Z
N  O  L  I  C  E  N  S  E  Q  M  B  T  N
L  A  L  H  B  S  N  W  Q  Y  L  E  O  P
O  A  Z  I  C  A  R  T  H  R  V  E  R  E
G  W  M  D  C  G  A  R  A  G  E  N  C  D
S  S  V  M  D  E  C  E  D  A  Z  S  Y  E
T  S  P  E  E  D  C  T  A  S  J  B  C  S
R  R  R  O  A  D  I  R  M  A  P  R  L  T
E  I  U  Y  D  D  A  L  F  X  A  E  R
E  E  N  C  C  W  E  F  Y  E  U  K  B  I
T  J  D  B  K  O  N  F  L  T  B  E  G  A
T  U  N  N  E  L  T  I  P  Y  M  S  L  N
H  L  S  W  X  Q  B  C  W  H  Y  H  O  E
```

CAR	POLICE
FUEL	BRAKES
GARAGE	SPEED
GAS	STREET
DANGER	TUNNEL
MAP	SAFETY
LICENSE	TRAFFIC
MOTOR	PEDESTRIAN
MOTORCYCLE	TRUCK
ACCIDENT	ROAD

87 - Wetenschap

```
P  V  W  N  V  L  F  A  E  F  O  F  L  P
P  H  W  W  G  R  E  O  F  O  L  N  A  A
J  N  Y  F  Y  O  A  J  S  A  U  I  B  R
G  V  L  S  C  W  T  U  J  S  C  H  O  T
Y  K  M  M  I  F  O  S  S  H  I  T  R  I
E  E  E  I  K  C  M  C  V  Y  C  L  A  C
G  V  R  N  Y  T  S  I  R  P  L  C  T  L
M  O  L  E  C  U  L  E  S  O  I  H  O  E
E  L  V  R  V  N  X  N  J  T  M  E  R  S
T  U  I  A  J  Y  L  T  V  H  A  M  Y  G
H  T  U  L  G  E  F  I  N  E  T  I  H  A
O  I  W  S  F  P  D  S  X  S  E  C  P  I
D  O  Z  Y  L  V  M  T  Q  I  D  A  T  A
L  N  N  A  T  U  R  E  Q  S  K  L  A  P
```

ATOM	CLIMATE
CHEMICAL	LABORATORY
PARTICLES	METHOD
EVOLUTION	MINERALS
FACT	MOLECULES
FOSSIL	NATURE
DATA	PHYSICS
HYPOTHESIS	SCIENTIST

88 - Speelgoed

```
S  R  P  D  P  P  B  C  K  T  R  A  I  N
C  V  R  R  A  F  I  H  A  I  J  J  G  I
R  D  L  U  I  A  C  E  Y  R  T  L  W  C
A  O  J  M  N  I  Y  S  E  P  P  E  Z  S
F  L  B  S  T  R  C  S  L  C  L  Q  I  G
T  L  O  O  S  P  L  D  C  B  A  L  L  L
S  K  A  R  T  L  E  J  Q  F  V  W  F  R
U  C  T  N  F  A  V  O  R  I  T  E  B  G
G  E  C  B  P  N  B  D  Y  V  W  T  O  A
M  A  J  V  K  E  S  H  Q  C  T  R  O  M
I  M  A  G  I  N  A  T  I  O  N  U  K  E
F  B  U  S  Y  Y  O  X  R  T  X  C  S  S
H  P  U  Z  Z  L  E  D  U  U  B  K  R  V
C  L  A  Y  M  L  A  U  P  X  N  Z  Z  A
```

CRAFTS	DOLL
CAR	PUZZLE
BALL	ROBOT
BOOKS	CHESS
BOAT	TRAIN
DRUMS	IMAGINATION
FAVORITE	PAINTS
BICYCLE	KITE
GAMES	AIRPLANE
CLAY	TRUCK

89 - Muziekinstrumenten

```
C V T A M B O U R I N E K H
E I C T A O B O E O A L U A
L O L C R M A N D O L I N R
L L F L I U Z K R H K E U M
O I D T M H M P U F S P B O
W N S Y B A P P M D A E T N
S E C L A R I N E T X R R I
A D U H V P A I P T O C O C
B A S S O O N Z D R P U M A
B N P X F H O T D Y H S B G
O Q O A J L B A N J O S O G
F X W P G J U V T R N I N O
H G U I T A R T L X E O E N
Z X I B B N L F E N U N J G
```

BANJO
CELLO
BASSOON
FLUTE
GUITAR
GONG
HARP
OBOE
CLARINET
MANDOLIN

MARIMBA
HARMONICA
PERCUSSION
PIANO
SAXOPHONE
TAMBOURINE
TROMBONE
DRUM
TRUMPET
VIOLIN

90 - Activiteiten en Vrije Ti

```
M  O  M  D  V  G  A  R  D  E  N  I  N  G
I  U  X  T  O  O  C  R  B  X  U  T  U  M
R  A  C  I  N  G  L  R  M  V  W  E  H  C
H  J  W  S  N  M  O  L  D  R  J  N  I  A
B  A  S  E  B  A  L  L  E  T  U  N  K  M
A  H  T  R  A  V  E  L  F  Y  H  I  I  P
S  O  Z  N  F  A  R  T  Q  H  B  S  N  I
K  B  S  O  C  C  E  R  J  L  P  A  G  N
E  B  D  U  I  V  L  W  W  F  M  C  L  G
T  I  G  L  R  P  A  I  N  T  I  N  G  L
B  E  J  X  V  F  X  T  E  M  C  T  B  P
A  S  B  Y  T  F  I  S  H  I  N  G  U  K
L  S  I  R  R  Z  N  N  D  I  V  I  N  G
L  B  O  X  I  N  G  H  G  R  C  E  I  X
```

BASKETBALL	RACING
BOXING	TRAVEL
DIVING	PAINTING
GOLF	SURFING
FISHING	TENNIS
HOBBIES	GARDENING
BASEBALL	SOCCER
CAMPING	VOLLEYBALL
ART	HIKING
RELAXING	

91 - Water

```
F  J  N  I  M  O  N  S  O  O  N  G  O  S
H  I  M  C  R  I  V  E  R  D  Q  E  C  Z
U  U  K  E  Z  R  S  T  E  A  M  Y  E  V
M  E  R  N  B  Y  I  Y  S  F  N  S  A  H
I  V  M  R  U  V  K  G  L  A  K  E  N  Q
D  A  O  Q  I  Z  J  I  A  O  D  R  B  G
I  P  I  M  O  C  V  I  Z  T  A  S  C  A
T  O  S  J  A  A  A  S  K  R  I  H  T  V
Y  R  T  L  C  N  S  N  E  F  L  O  O  D
B  A  U  V  W  A  W  O  E  S  A  W  N  F
M  T  R  M  R  L  L  W  W  A  V  E  S  R
S  I  E  P  N  A  F  C  C  K  R  R  L  O
Y  O  C  G  S  G  I  Y  H  D  A  M  P  S
H  N  S  T  M  I  X  N  F  Q  R  G  Y  T
```

SHOWER	FLOOD
GEYSER	RAIN
WAVES	RIVER
ICE	SNOW
IRRIGATION	STEAM
CANAL	EVAPORATION
LAKE	MOISTURE
MONSOON	DAMP
OCEAN	HUMIDITY
HURRICANE	FROST

92 - Schaken

```
Y J C O N T E S T T I M E T
U I H H A R B Z O G Z J P D
S D A P A U F B L A C K A T
Q R M C L L P C E X Y J S O
U I P R O E L L A U Q V S U
H W I C P S A E R L U N I R
L F O I U Y Y V N Q Z Z V N
F C N O Q U E E N G A M E A
M Z X K L C R R Q P E J A M
S A C R I F I C E N P S O E
Q O P P O N E N T L A U B N
W H I T E O G P O I N T S T
S T R A T E G Y K P S H C G
T A D I A G O N A L X O X E
```

DIAGONAL	GAME
CHAMPION	PLAYER
KING	STRATEGY
QUEEN	OPPONENT
TO LEARN	TIME
SACRIFICE	TOURNAMENT
PASSIVE	CHALLENGES
POINTS	CONTEST
RULES	WHITE
CLEVER	BLACK

93 - Boerderij #1

```
A G R I C U L T U R E H C F
H C P J A R Y D D B N O A R
T O T U L Z O D A P E N T F
Q W F Q F A G W O K C E B D
J B J B E E H B U R B Y V V
T H O M R V A O L Z H F R B
K D H E T F Y U R V W F O W
E K N C I I F G G S E E D S
G Q L H L E L O O J E W N S
Z F J I I L O H O A B D M L
P B A C Z D C S S K T Q L D
D O N K E Y K R I C E O C O
W A T E R F E N C E K M W G
S L P N R I Y X P F I V R F
```

BEE	COW
DONKEY	CROW
GOAT	FLOCK
FENCE	AGRICULTURE
DOG	FERTILIZER
HONEY	HORSE
HAY	RICE
CALF	FIELD
CAT	WATER
CHICKEN	SEEDS

94 - Huis

```
F S T L L E O M Z U T S E B
I E H K Q G K I T C H E N A
R C N O X G W R U G B K O S
E H G C W X M R G A R A G E
P I A E E E I O B R O O M M
L M R I M N R R W V G Y X E
A N D L L I B R A R Y R A N
C E E I P R D U L B X G W T
E Y N N V E E R L A W Y F V
F L F G F U R N I T U R E O
C R A X M Q O H D W L M G S
I C Y M B E D R O O M S C V
R O O M P L J T O S D E N G
R O O F I F E J R U V U Z F
```

BROOM
LIBRARY
ROOF
DOOR
SHOWER
GARAGE
FIREPLACE
FENCE
ROOM
BASEMENT

KITCHEN
LAMP
FURNITURE
WALL
CEILING
CHIMNEY
BEDROOM
MIRROR
RUG
GARDEN

95 - Kleuren

```
T  W  W  D  F  R  B  P  D  F  F  L  U  K
X  B  H  O  U  N  E  E  I  A  Z  U  R  E
C  L  I  U  C  X  X  D  I  N  D  I  G  O
Y  J  T  J  H  T  S  Q  Z  G  K  T  R  R
A  M  E  P  S  E  P  I  A  R  E  Y  E  A
N  A  L  T  I  S  B  L  U  E  D  F  E  N
R  G  J  L  A  Y  R  T  C  Y  Q  H  N  G
Y  E  I  J  S  X  O  N  K  J  U  C  H  E
B  N  N  W  G  S  W  Y  Z  T  A  B  Y  T
K  T  E  G  F  U  N  P  U  R  P  L  E  R
O  A  R  Z  G  T  P  I  G  O  S  A  L  P
K  W  C  Y  G  E  G  N  C  C  N  C  L  E
A  L  Z  W  N  E  O  Y  G  V  L  K  O  C
Q  Q  F  N  G  S  T  L  A  H  X  Y  W  H
```

AZURE	INDIGO
BEIGE	MAGENTA
BLUE	ORANGE
BROWN	PURPLE
CYAN	RED
FUCHSIA	PINK
YELLOW	SEPIA
GREY	WHITE
GREEN	BLACK

96 - Verjaardag

```
S  C  A  L  E  N  D  A  R  H  H  Z  Y  G
O  A  E  V  Q  J  M  Q  C  A  R  D  S  K
N  N  B  L  F  T  E  I  E  P  C  Z  Q  Q
G  D  O  I  E  M  M  R  Q  P  H  A  S  O
F  L  F  S  N  B  O  Z  T  Y  S  M  K  Y
R  E  Q  Q  F  V  R  T  I  M  E  L  T  E
I  S  B  O  R  N  I  A  O  L  D  E  R  A
E  H  X  R  K  T  E  T  T  L  C  K  O  R
N  U  K  Q  Z  T  S  W  A  I  F  K  U  H
D  X  A  D  T  H  Y  Z  P  T  O  D  A  Y
S  P  E  C  I  A  L  M  U  S  I  N  U  X
W  F  F  O  L  U  V  S  F  D  L  O  O  S
Y  O  U  N  G  I  F  T  L  K  J  J  N  Y
U  N  N  R  J  W  I  S  D  O  M  U  S  S
```

CAKE   CALENDAR
DAY   SONG
BORN   OLDER
HAPPY   FUN
GIFT   SPECIAL
MEMORIES   TIME
YEAR   INVITATIONS
YOUNG   CELEBRATION
CANDLES   FRIENDS
CARDS   WISDOM

97 - Getallen

```
Z  E  R  O  P  K  S  H  X  O  I  F  U  E
T  J  I  V  S  F  E  I  F  Z  I  T  N  I
W  L  Y  T  C  G  V  S  X  O  T  H  I  G
E  O  N  E  U  K  E  V  W  G  U  I  N  H
N  Z  F  I  V  E  N  U  M  D  K  R  E  T
T  J  O  G  S  I  X  T  E  E  N  T  B  E
Y  N  U  H  T  H  R  E  E  A  X  E  G  E
A  N  R  T  E  N  L  J  D  X  D  E  T  N
K  S  T  T  W  E  L  V  E  L  M  N  W  O
Z  K  E  S  E  V  E  N  T  E  E  N  O  A
P  I  E  S  M  K  W  C  D  U  A  K  G  T
T  X  N  N  I  N  E  T  E  E  N  B  H
Z  F  I  F  T  E  E  N  S  H  O  S  P  C
V  T  M  O  T  V  P  C  K  L  J  I  Y  O
```

EIGHT	TWO
EIGHTEEN	TWENTY
THIRTEEN	FOURTEEN
THREE	FOUR
ONE	FIVE
NINE	FIFTEEN
NINETEEN	SIX
ZERO	SIXTEEN
TEN	SEVEN
TWELVE	SEVENTEEN

98 - Boerderij #2

```
G P T R S F U H A U S S D P
E V S U K A R G J C H Q J V
R A V B A R N F B I E L I H
R U E A E M I L K J P L N F
M W G R S E L C C W H A O R
T S E L H R H E S O E M R U
Q R T E E M C I F T R A C I
L P A Y E O J M V F D N H T
T W B C P M D E M E U I A J
C R L M T H L A M B C M R P
W H E A T O G D X U K A D E
C V J E W P R O V I M L E R
W S K U X R H W T N O S W Z
I R R I G A T I O N C L J H
```

BEEHIVE	LAMB
FARMER	LLAMA
ORCHARD	CORN
ANIMALS	MILK
DUCK	SHEEP
FRUIT	BARN
BARLEY	WHEAT
VEGETABLE	TRACTOR
SHEPHERD	MEADOW
IRRIGATION	

99 - Voeding

```
H  U  L  V  D  I  G  E  S  T  I  O  N  B
E  D  H  I  L  B  A  L  A  N  C  E  D  Y
A  I  S  T  Q  L  L  Q  U  A  L  I  T  Y
L  T  Z  A  R  U  W  B  C  X  F  E  K  P
T  S  S  M  M  O  I  F  E  V  X  Y  A  R
H  T  F  I  X  F  A  D  I  E  T  A  X  O
Y  L  V  N  D  A  P  S  S  F  P  R  B  T
W  E  I  G  H  T  P  H  E  A  L  T  H  E
C  A  L  O  R  I  E  S  D  H  A  P  D  I
D  B  R  Z  O  P  T  G  I  T  O  X  I  N
P  I  A  Z  E  H  I  J  B  I  J  P  H  S
M  Z  X  N  Y  Q  T  F  L  A  V  O  R  V
B  I  T  T  E  R  E  F  E  P  D  B  Y  L
C  A  R  B  O  H  Y  D  R  A  T  E  S  F
```

BITTER	HEALTH
CALORIES	CARBOHYDRATES
DIET	QUALITY
EDIBLE	SAUCE
APPETITE	FLAVOR
PROTEINS	DIGESTION
BALANCED	TOXIN
WEIGHT	VITAMIN
HEALTHY	LIQUIDS

1 - Metingen

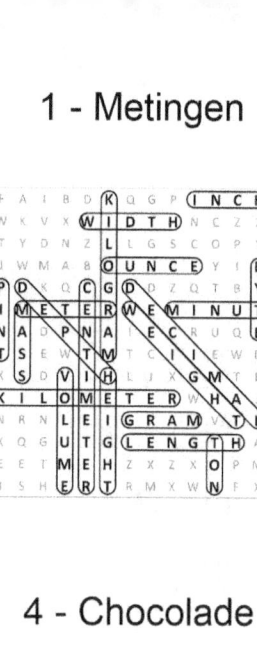

2 - Keuken

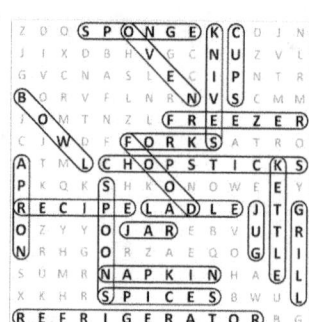

3 - Boten

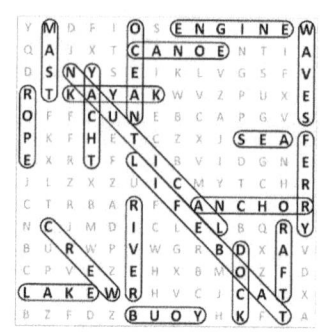

4 - Chocolade

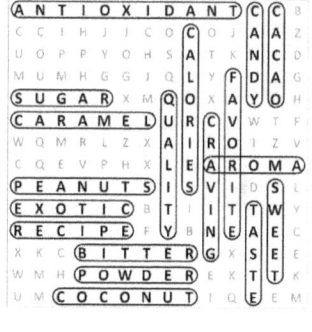

5 - Tijd

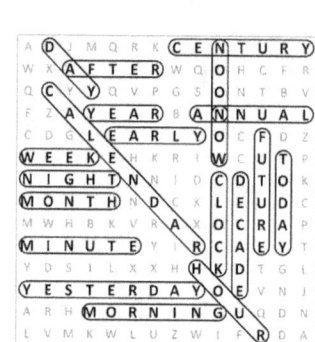

6 - Meditatie

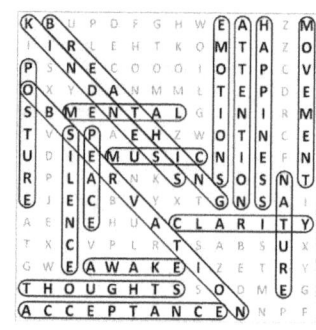

7 - Zomer

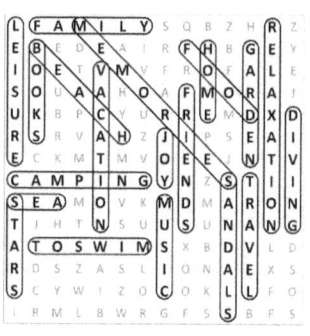

8 - Vogels

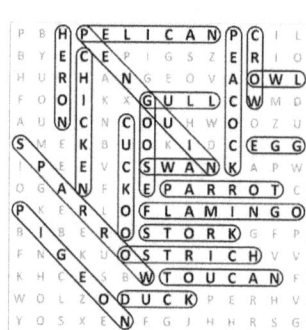

9 - Behoud

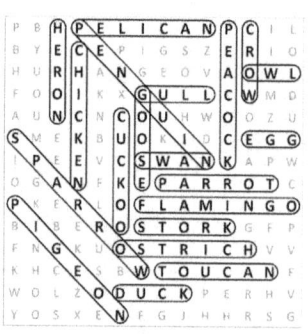

10 - Wiskunde

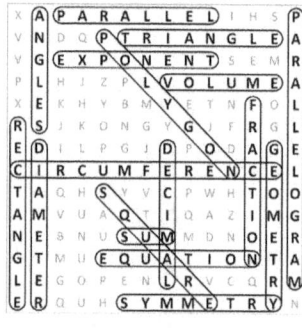

11 - Camping

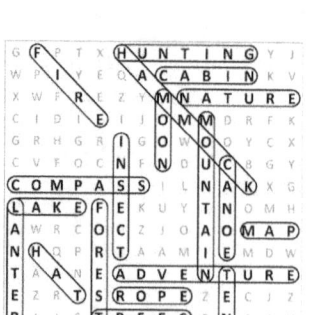

12 - Activiteiten

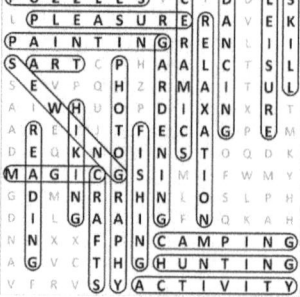

13 - Vormen

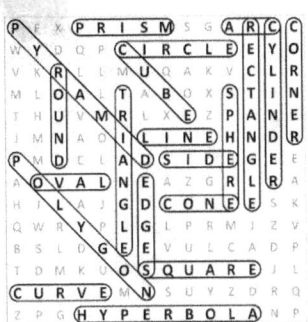

14 - Astronomie

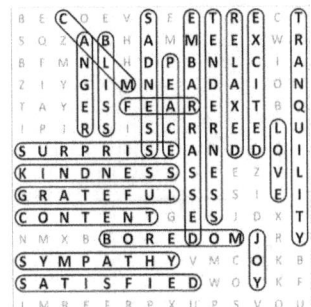

15 - Emoties

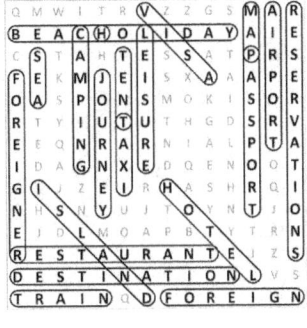

16 - Vakantie #2

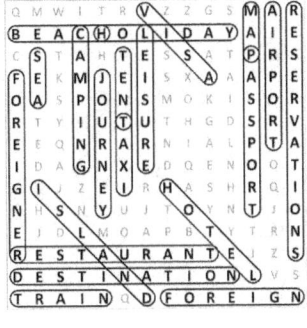

17 - Weersomstandigh

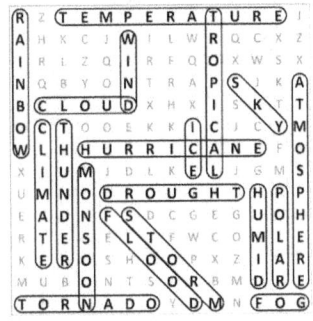

18 - Strand

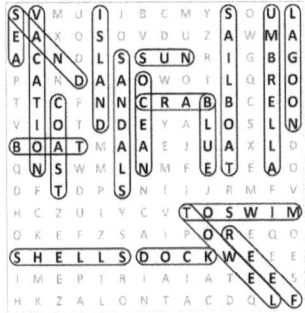

19 - Eten #2

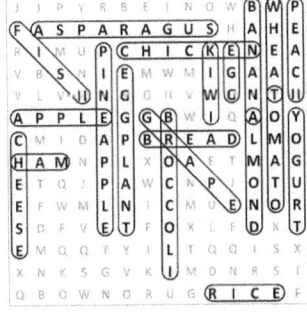

20 - Klimmen

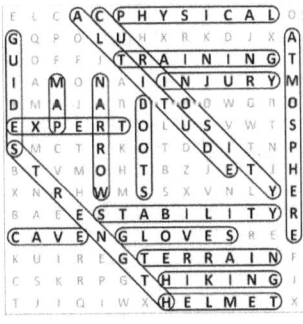

21 - Restaurant #1

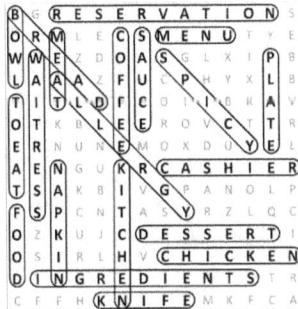

22 - Geologie

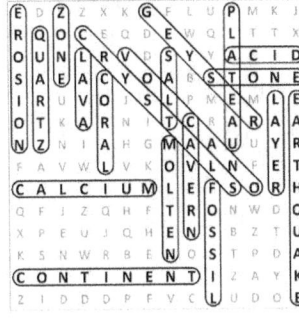

23 - Specerijen

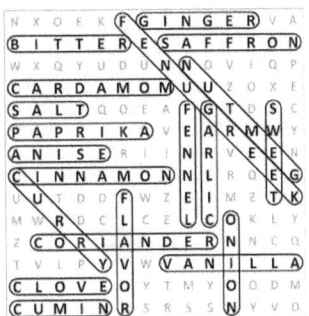

24 - Groenten

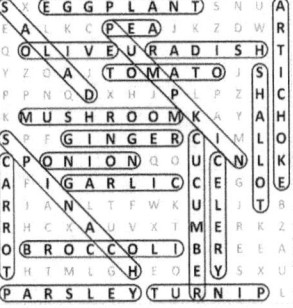

25 - Dans

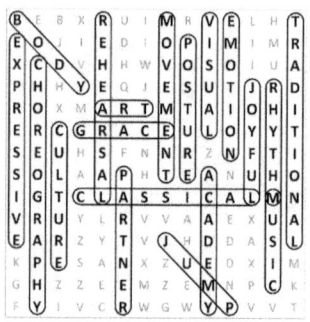

26 - Sport

27 - Mythologie

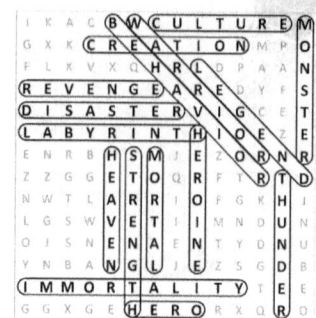

28 - Eten #1

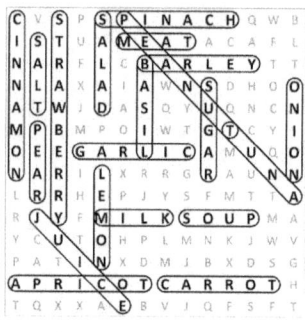

29 - Avontuur

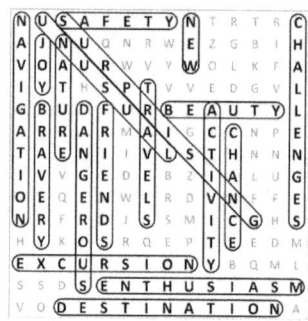

30 - Circus

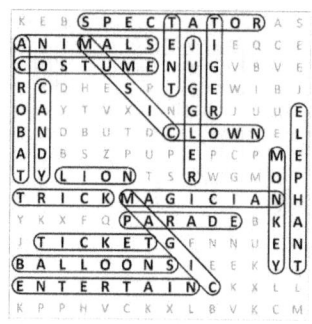

31 - Restaurant #2

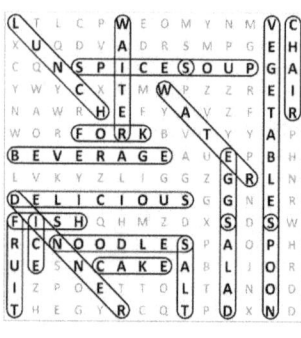

32 - Bijen

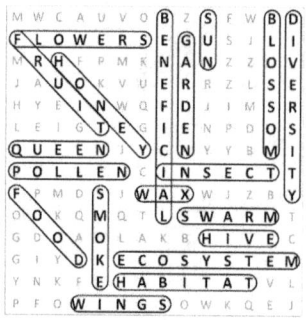

33 - School #1

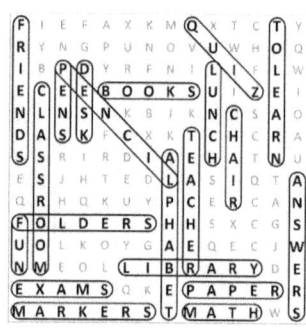

34 - Wandelen

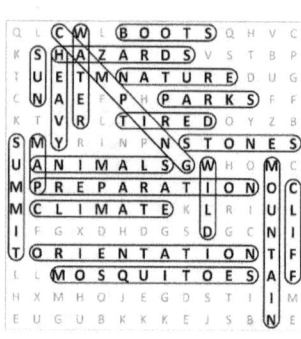

35 - Ecologie

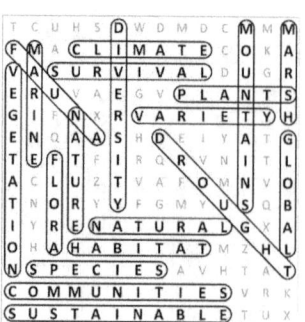

36 - Installaties

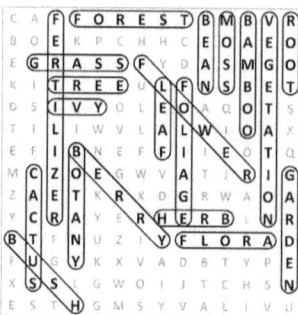

37 - School #2

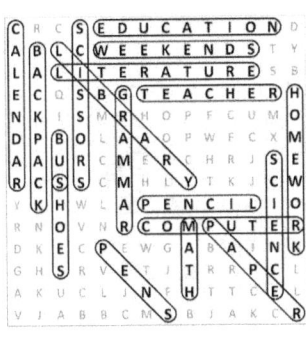

38 - Oceaan

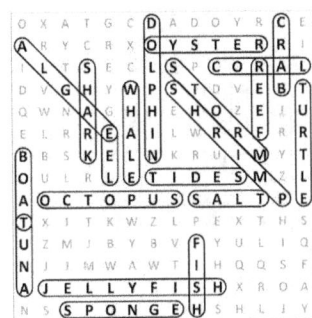

39 - Landen #2

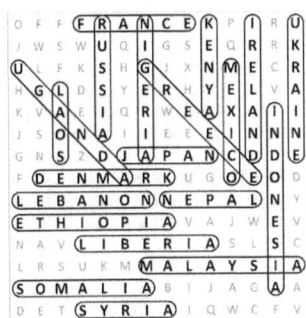

40 - Bloemen

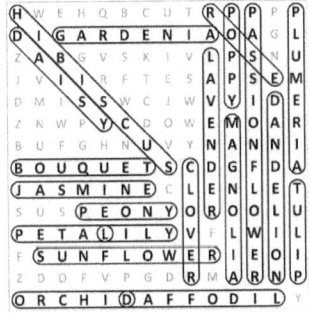

41 - Huisdieren

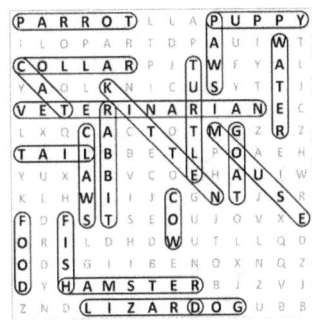

42 - Landschappen

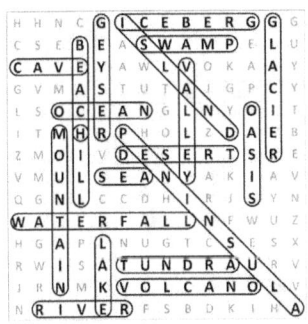

43 - Tuin

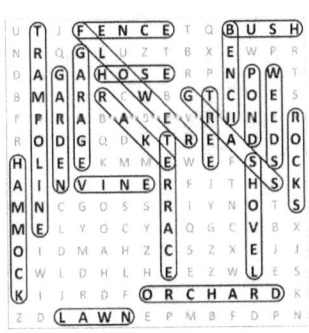

44 - Katten

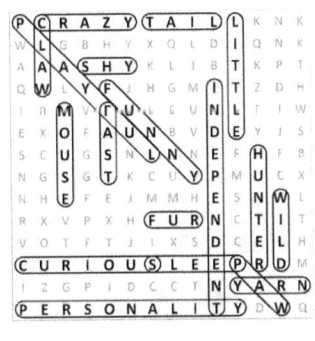

45 - Beroepen #2

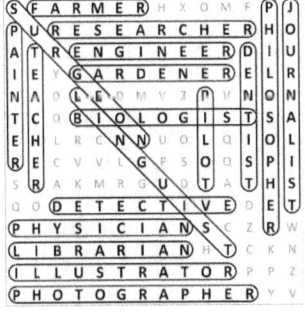

46 - Komedie

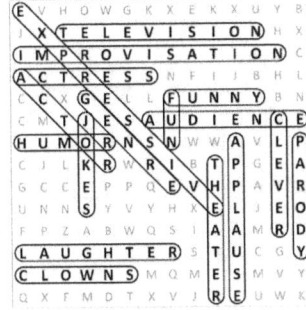

47 - Dagen en Maanden

48 - Beeldende Kunsten

49 - Menselijk Lichaam

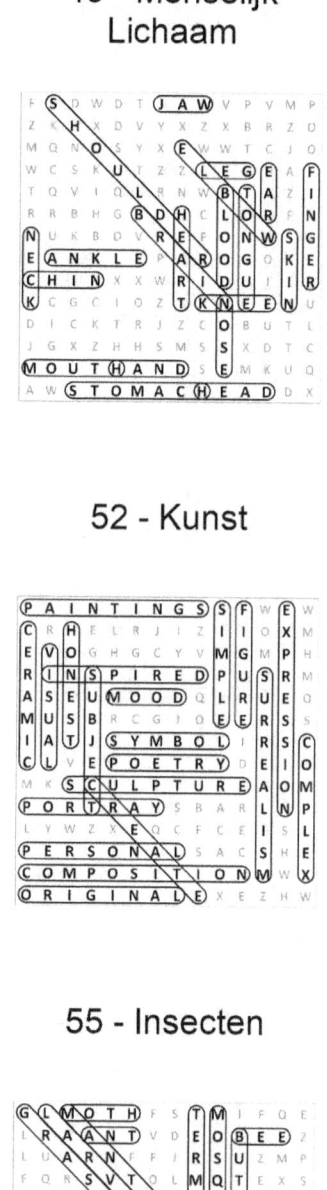

50 - Familie

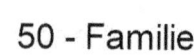
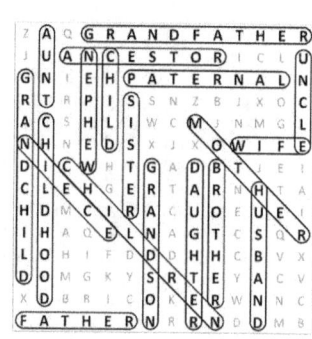

51 - Gebouwen

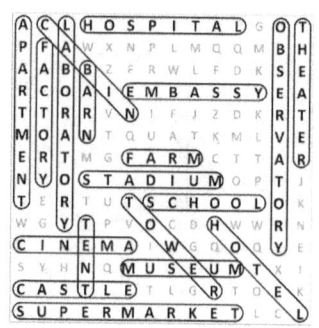

52 - Kunst

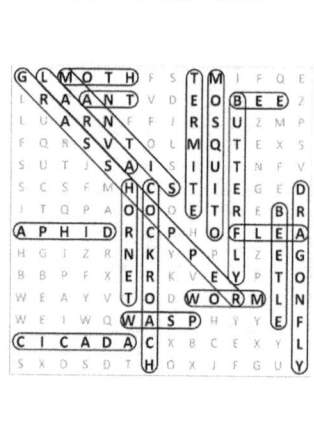

53 - Beroepen #1

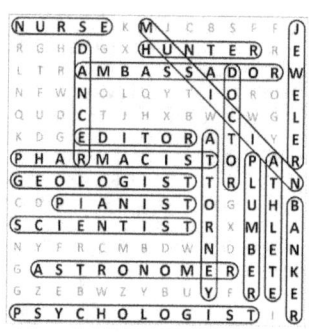

54 - Kastelen

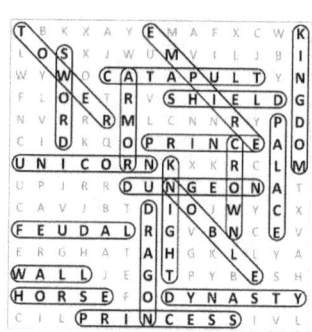

55 - Insecten

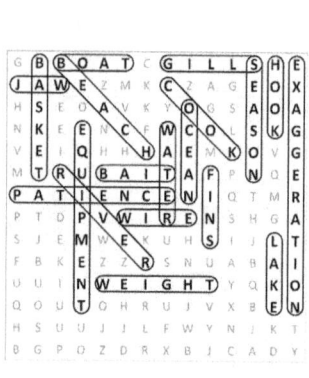

56 - Antarctica

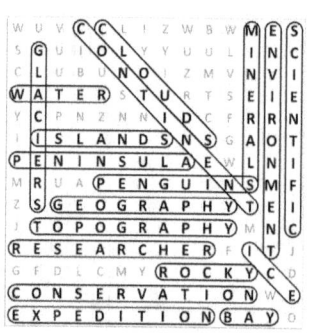

57 - Ballet

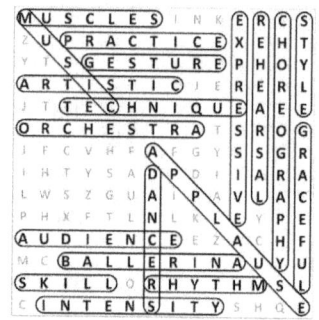

58 - Vissen

59 - Fruit

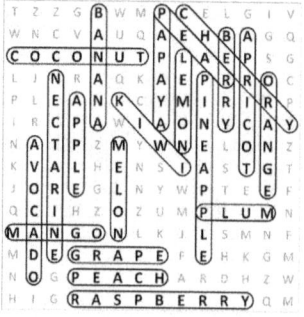

60 - Literatuur

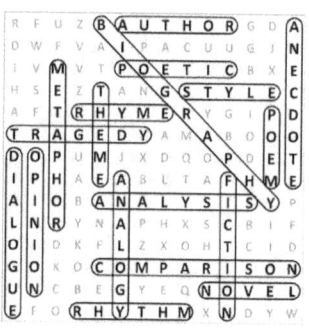

61 - Technologie

62 - Boeken

63 - Meer Informatie

64 - Regenwoud

65 - Haartypes

66 - Stad

67 - Natuur

68 - Dinosaurussen

69 - Zoogdieren

70 - 1 Jaar Geleden

71 - Kampioenschap

72 - Exploratie

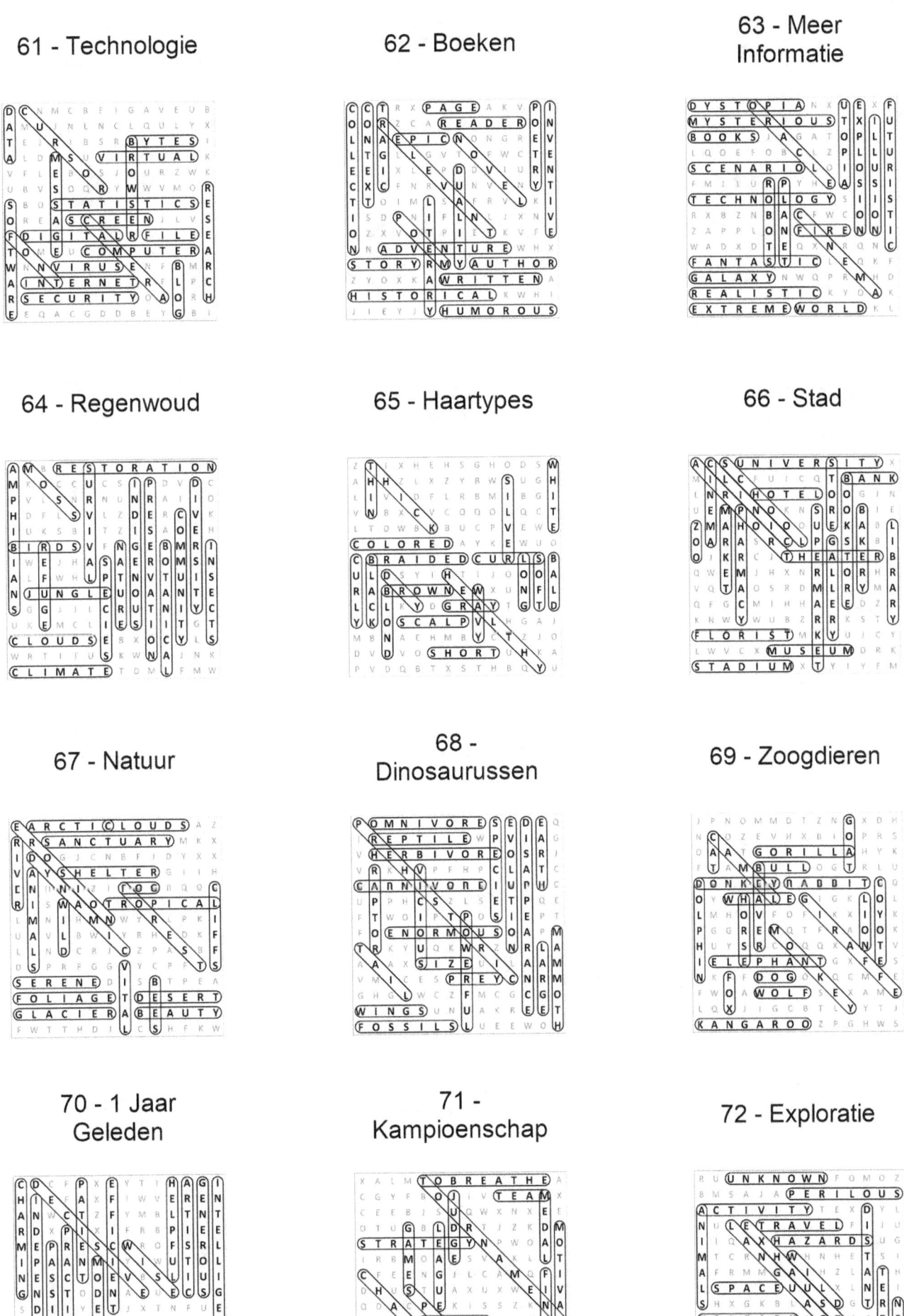

73 - Voertuigen

74 - Geografie

75 - Kunstbenodigdhe

76 - Barbecues

77 - Wetenschappelijk

78 - Bijvoeglijke Naamwoorden

79 - Kleding

80 - Vliegtuigen

81 - Herbalisme

82 - Meubels

83 - Piraten

84 - Om in te Vullen

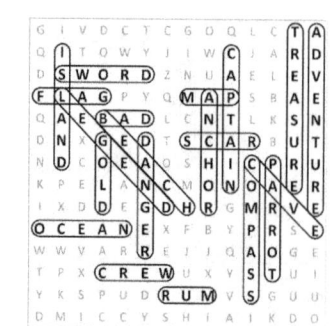

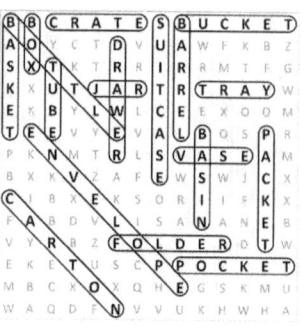

85 - Surfen

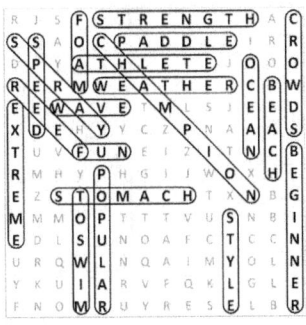

86 - Rijden

87 - Wetenschap

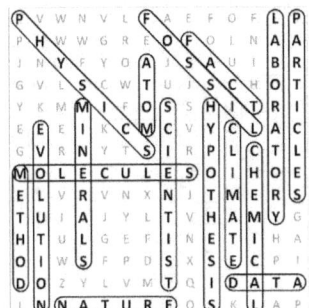

88 - Speelgoed

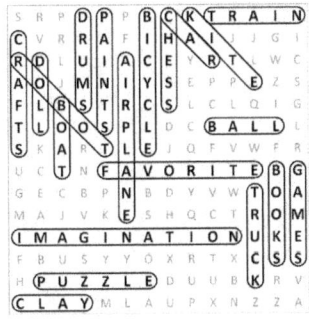

89 - Muziekinstrument

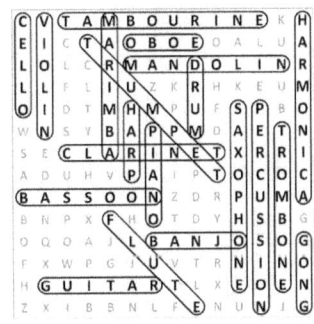

90 - Activiteiten en Vrije Ti

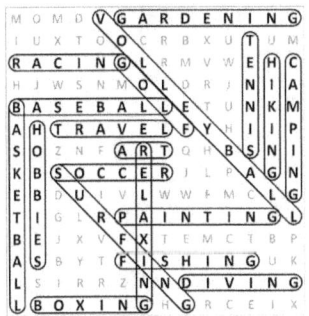

91 - Water

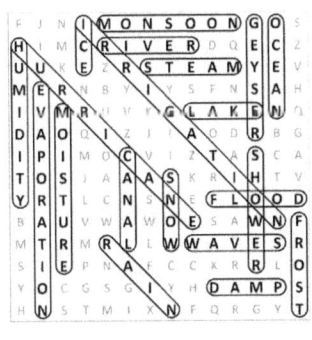

92 - Schaken

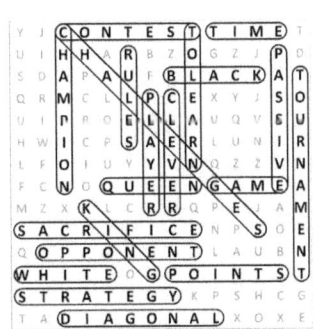

93 - Boerderij #1

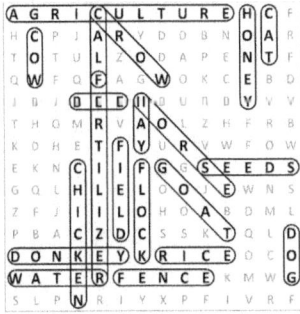

94 - Huis

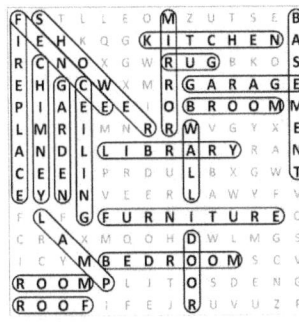

95 - Kleuren

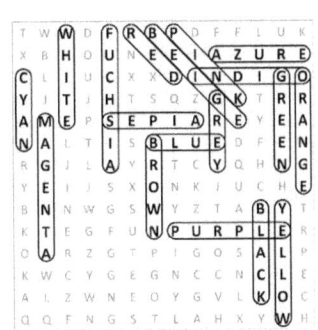

96 - Verjaardag

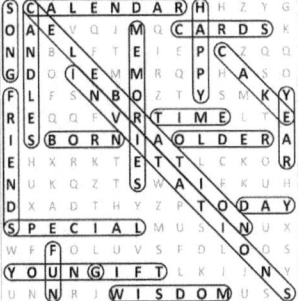

97 - Getallen

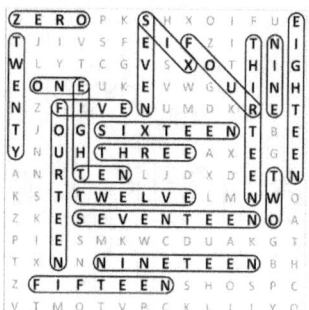

98 - Boerderij #2

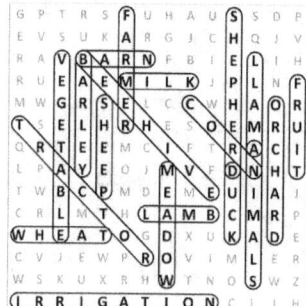

99 - Voeding

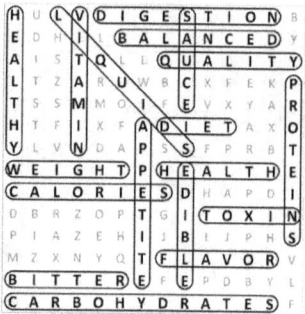

Woordenboek

1 Jaar Geleden
Virtues #1

Artistiek	Artistic
Behulpzaam	Helpful
Bescheiden	Modest
Beslissend	Decisive
Betrouwbaar	Reliable
Charmant	Charming
Efficiënt	Efficient
Gepassioneerd	Passionate
Goed	Good
Grappig	Funny
Gul	Generous
Intelligent	Intelligent
Nieuwsgierig	Curious
Onafhankelijk	Independent
Patiënt	Patient
Praktisch	Practical
Schoon	Clean
Wijs	Wise
Zelfverzekerd	Confident

Activiteiten
Activities

Activiteit	Activity
Ambachten	Crafts
Dansen	Dancing
Fotografie	Photography
Hengelsport	Fishing
Jacht	Hunting
Kamperen	Camping
Keramiek	Ceramics
Kunst	Art
Lezen	Reading
Magie	Magic
Naaien	Sewing
Ontspanning	Relaxation
Plezier	Pleasure
Puzzels	Puzzles
Schilderij	Painting
Tuinieren	Gardening
Vaardigheid	Skill
Vrije Tijd	Leisure
Wandelen	Hiking

Activiteiten en Vrije Ti
Activities and Leisure

Basketbal	Basketball
Boksen	Boxing
Duiken	Diving
Golf	Golf
Hengelsport	Fishing
Hobby	Hobbies
Honkbal	Baseball
Kamperen	Camping
Kunst	Art
Ontspannen	Relaxing
Racen	Racing
Reis	Travel
Schilderij	Painting
Surfen	Surfing
Tennis	Tennis
Tuinieren	Gardening
Voetbal	Soccer
Volleybal	Volleyball
Wandelen	Hiking
Zwemmen	Swimming

Antarctica
Antarctica

Baai	Bay
Behoud	Conservation
Continent	Continent
Eilanden	Islands
Expeditie	Expedition
Geografie	Geography
Gletsjers	Glaciers
Ijs	Ice
Migratie	Migration
Mineralen	Minerals
Omgeving	Environment
Onderzoeker	Researcher
Pinguïn	Penguins
Rotsachtig	Rocky
Schiereiland	Peninsula
Temperatuur	Temperature
Topografie	Topography
Water	Water
Wetenschappelijk	Scientific
Wolken	Clouds

Astronomie
Astronomy

Aarde	Earth
Asteroïde	Asteroid
Astronaut	Astronaut
Astronoom	Astronomer
Equinox	Equinox
Komeet	Comet
Kosmos	Cosmos
Maan	Moon
Meteoor	Meteor
Nevel	Nebula
Observatorium	Observatory
Planeet	Planet
Raket	Rocket
Satelliet	Satellite
Ster	Star
Sterrenbeeld	Constellation
Straling	Radiation
Telescoop	Telescope
Universum	Universe
Zwaartekracht	Gravity

Avontuur
Adventure

Activiteit	Activity
Bestemming	Destination
Enthousiasme	Enthusiasm
Excursie	Excursion
Gevaarlijk	Dangerous
Kans	Chance
Moed	Bravery
Moeilijkheid	Difficulty
Natuur	Nature
Navigatie	Navigation
Nieuw	New
Ongewoon	Unusual
Reizen	Travels
Schoonheid	Beauty
Uitdagingen	Challenges
Veiligheid	Safety
Verrassend	Surprising
Voorbereiding	Preparation
Vreugde	Joy
Vrienden	Friends

Ballet
Ballet

Applaus	Applause
Artistiek	Artistic
Ballerina	Ballerina
Choreografie	Choreography
Componist	Composer
Dansers	Dancers
Expressief	Expressive
Gebaar	Gesture
Intensiteit	Intensity
Muziek	Music
Orkest	Orchestra
Praktijk	Practice
Publiek	Audience
Repetitie	Rehearsal
Ritme	Rhythm
Sierlijk	Graceful
Spieren	Muscles
Stijl	Style
Techniek	Technique
Vaardigheid	Skill

Barbecues
Barbecues

Diner	Dinner
Familie	Family
Fruit	Fruit
Grill	Grill
Groente	Vegetables
Heet	Hot
Honger	Hunger
Kip	Chicken
Lunch	Lunch
Messen	Knives
Muziek	Music
Peper	Pepper
Salades	Salads
Saus	Sauce
Tomaten	Tomatoes
Uien	Onions
Uitnodiging	Invitation
Vorken	Forks
Zomer	Summer
Zout	Salt

Beeldende Kunsten
Visual Arts

Architectuur	Architecture
Artiest	Artist
Beeldhouwwerk	Sculpture
Creativiteit	Creativity
Ezel	Easel
Film	Film
Houtskool	Charcoal
Keramiek	Ceramics
Klei	Clay
Krijt	Chalk
Meesterwerk	Masterpiece
Pen	Pen
Perspectief	Perspective
Portret	Portrait
Potlood	Pencil
Samenstelling	Composition
Schilderij	Painting
Stencil	Stencil
Vernis	Varnish
Was	Wax

Behoud
Conservation

Chemicaliën	Chemicals
Duurzaam	Sustainable
Ecosysteem	Ecosystem
Fiets	Cycle
Gezondheid	Health
Groen	Green
Habitat	Habitat
Klimaat	Climate
Milieu	Environmental
Natuurlijk	Natural
Onderwijs	Education
Organisch	Organic
Pesticide	Pesticide
Recycleren	Recycle
Veranderingen	Changes
Verminderen	Reduce
Vervuiling	Pollution
Vrijwilliger	Volunteer
Water	Water
Zorg	Concern

Beroepen #1
Professions #1

Advocaat	Attorney
Ambassadeur	Ambassador
Apotheker	Pharmacist
Astronoom	Astronomer
Atleet	Athlete
Bankier	Banker
Cartograaf	Cartographer
Danser	Dancer
Dierenarts	Veterinarian
Dokter	Doctor
Editor	Editor
Geoloog	Geologist
Jager	Hunter
Juwelier	Jeweler
Loodgieter	Plumber
Muzikant	Musician
Pianist	Pianist
Psycholoog	Psychologist
Verpleegster	Nurse
Wetenschapper	Scientist

Beroepen #2
Professions #2

Arts	Physician
Astronaut	Astronaut
Bibliothecaris	Librarian
Bioloog	Biologist
Boer	Farmer
Chirurg	Surgeon
Detective	Detective
Filosoof	Philosopher
Fotograaf	Photographer
Illustrator	Illustrator
Ingenieur	Engineer
Journalist	Journalist
Leraar	Teacher
Linguïst	Linguist
Onderzoeker	Researcher
Piloot	Pilot
Schilder	Painter
Tandarts	Dentist
Tuinman	Gardener
Uitvinder	Inventor

Bijen
Bees

Bestuiver	Pollinator
Bijenkorf	Hive
Bloemen	Flowers
Bloesem	Blossom
Diversiteit	Diversity
Ecosysteem	Ecosystem
Fruit	Fruit
Habitat	Habitat
Honing	Honey
Insect	Insect
Koningin	Queen
Rook	Smoke
Stuifmeel	Pollen
Tuin	Garden
Vleugels	Wings
Voedsel	Food
Voordelig	Beneficial
Was	Wax
Zon	Sun
Zwerm	Swarm

Bijvoeglijke Naamwoorden
Adjectives #1

Aantrekkelijk	Attractive
Actief	Active
Ambitieus	Ambitious
Aromatisch	Aromatic
Artistiek	Artistic
Belangrijk	Important
Diep	Deep
Donker	Dark
Dun	Thin
Eerlijk	Honest
Exotisch	Exotic
Identiek	Identical
Jong	Young
Lang	Long
Langzaam	Slow
Modern	Modern
Onschuldig	Innocent
Perfect	Perfect
Waardevol	Valuable
Zwaar	Heavy

Bijvoeglijke Naamwoorden
Adjectives #2

Authentiek	Authentic
Begaafd	Gifted
Beschrijvend	Descriptive
Creatief	Creative
Dramatisch	Dramatic
Gezond	Healthy
Hongerig	Hungry
Interessant	Interesting
Moe	Tired
Natuurlijk	Natural
Nieuw	New
Normaal	Normal
Productief	Productive
Slaperig	Sleepy
Sterk	Strong
Trots	Proud
Verantwoordelijk	Responsible
Wild	Wild
Zout	Salty
Zuiver	Pure

Bloemen
Flowers

Bloemblad	Petal
Boeket	Bouquet
Gardenia	Gardenia
Hibiscus	Hibiscus
Jasmijn	Jasmine
Klaver	Clover
Lavendel	Lavender
Lelie	Lily
Madeliefje	Daisy
Magnolia	Magnolia
Narcis	Daffodil
Orchidee	Orchid
Paardebloem	Dandelion
Papaver	Poppy
Passiebloem	Passionflower
Pioenroos	Peony
Plumeria	Plumeria
Roos	Rose
Tulp	Tulip
Zonnebloem	Sunflower

Boeken
Books

Auteur	Author
Avontuur	Adventure
Bladzijde	Page
Collectie	Collection
Context	Context
Dualiteit	Duality
Episch	Epic
Gedicht	Poem
Geschreven	Written
Historisch	Historical
Humoristisch	Humorous
Inventief	Inventive
Lezer	Reader
Literair	Literary
Poëzie	Poetry
Relevant	Relevant
Roman	Novel
Tragisch	Tragic
Verhaal	Story
Verteller	Narrator

Boerderij #1
Farm #1

Bij	Bee
Ezel	Donkey
Geit	Goat
Hek	Fence
Hond	Dog
Honing	Honey
Hooi	Hay
Kalf	Calf
Kat	Cat
Kip	Chicken
Koe	Cow
Kraai	Crow
Kudde	Flock
Landbouw	Agriculture
Mest	Fertilizer
Paard	Horse
Rijst	Rice
Veld	Field
Water	Water
Zaden	Seeds

Boerderij #2
Farm #2

Bijenkorf	Beehive
Boer	Farmer
Boomgaard	Orchard
Dieren	Animals
Eend	Duck
Fruit	Fruit
Gerst	Barley
Groente	Vegetable
Herder	Shepherd
Irrigatie	Irrigation
Lam	Lamb
Lama	Llama
Maïs	Corn
Melk	Milk
Schaap	Sheep
Schuur	Barn
Tarwe	Wheat
Tractor	Tractor
Weide	Meadow
Windmolen	Windmill

Boten
Boats

Anker	Anchor
Bemanning	Crew
Boei	Buoy
Dok	Dock
Golven	Waves
Jacht	Yacht
Kajak	Kayak
Kano	Canoe
Mast	Mast
Meer	Lake
Motor	Engine
Nautisch	Nautical
Oceaan	Ocean
Reddingsboot	Lifeboat
Rivier	River
Touw	Rope
Veerboot	Ferry
Vlot	Raft
Zee	Sea
Zeilboot	Sailboat

Camping
Camping

Avontuur	Adventure
Berg	Mountain
Bomen	Trees
Bos	Forest
Brand	Fire
Cabine	Cabin
Dieren	Animals
Hangmat	Hammock
Hoed	Hat
Insect	Insect
Jacht	Hunting
Kaart	Map
Kano	Canoe
Kompas	Compass
Lantaarn	Lantern
Maan	Moon
Meer	Lake
Natuur	Nature
Tent	Tent
Touw	Rope

Chocolade
Chocolate

Antioxidant	Antioxidant
Aroma	Aroma
Bitter	Bitter
Cacao	Cacao
Calorieën	Calories
Exotisch	Exotic
Favoriet	Favorite
Heerlijk	Delicious
Ingrediënt	Ingredient
Karamel	Caramel
Kokosnoot	Coconut
Kwaliteit	Quality
Pinda'S	Peanuts
Poeder	Powder
Recept	Recipe
Smaak	Taste
Snoep	Candy
Suiker	Sugar
Verlangen	Craving
Zoet	Sweet

Circus
Circus

Aap	Monkey
Acrobaat	Acrobat
Ballonnen	Balloons
Clown	Clown
Dieren	Animals
Goochelaar	Magician
Jongleur	Juggler
Kaartje	Ticket
Kostuum	Costume
Leeuw	Lion
Magie	Magic
Muziek	Music
Olifant	Elephant
Parade	Parade
Snoep	Candy
Tent	Tent
Tijger	Tiger
Toeschouwer	Spectator
Truc	Trick
Vermaken	Entertain

Dagen en Maanden
Days and Months

Augustus	August
Dinsdag	Tuesday
Donderdag	Thursday
Februari	February
Jaar	Year
Januari	January
Juli	July
Juni	June
Kalender	Calendar
Maand	Month
Maandag	Monday
Maart	March
November	November
Oktober	October
September	September
Vrijdag	Friday
Week	Week
Woensdag	Wednesday
Zaterdag	Saturday
Zondag	Sunday

Dans
Dance

Academie	Academy
Beweging	Movement
Blij	Joyful
Choreografie	Choreography
Cultureel	Cultural
Cultuur	Culture
Emotie	Emotion
Expressief	Expressive
Genade	Grace
Houding	Posture
Klassiek	Classical
Kunst	Art
Lichaam	Body
Muziek	Music
Partner	Partner
Repetitie	Rehearsal
Ritme	Rhythm
Springen	Jump
Traditioneel	Traditional
Visueel	Visual

Dinosaurussen
Dinosaurs

Aarde	Earth
Carnivoor	Carnivore
Enorm	Enormous
Evolutie	Evolution
Fossielen	Fossils
Groot	Large
Grootte	Size
Herbivoor	Herbivore
Krachtig	Powerful
Mammoet	Mammoth
Omnivoor	Omnivore
Prehistorisch	Prehistoric
Prooi	Prey
Reptiel	Reptile
Roofvogel	Raptor
Soort	Species
Staart	Tail
Verdwijning	Disappearance
Vicieuze	Vicious
Vleugels	Wings

Ecologie
Ecology

Bergen	Mountains
Diversiteit	Diversity
Droogte	Drought
Duurzaam	Sustainable
Fauna	Fauna
Flora	Flora
Gemeenschappen	Communities
Globaal	Global
Habitat	Habitat
Klimaat	Climate
Marinier	Marine
Moeras	Marsh
Natuur	Nature
Natuurlijk	Natural
Overleving	Survival
Planten	Plants
Soort	Species
Variëteit	Variety
Vegetatie	Vegetation
Vrijwilligers	Volunteers

Emoties
Emotions

Angst	Fear
Beschaamd	Embarrassed
Dankbaar	Grateful
Droefheid	Sadness
Gelukzaligheid	Bliss
Inhoud	Content
Kalm	Calm
Liefde	Love
Ontspannen	Relaxed
Opgewonden	Excited
Rust	Tranquility
Sympathie	Sympathy
Tederheid	Tenderness
Tevreden	Satisfied
Verrassing	Surprise
Verveling	Boredom
Vrede	Peace
Vreugde	Joy
Vriendelijkheid	Kindness
Woede	Anger

Eten #1
Food #1

Aardbei	Strawberry
Abrikoos	Apricot
Basilicum	Basil
Citroen	Lemon
Gerst	Barley
Kaneel	Cinnamon
Knoflook	Garlic
Melk	Milk
Peer	Pear
Pinda	Peanut
Salade	Salad
Sap	Juice
Soep	Soup
Spinazie	Spinach
Suiker	Sugar
Tonijn	Tuna
Ui	Onion
Vlees	Meat
Wortel	Carrot
Zout	Salt

Eten #2
Food #2

Amandel	Almond
Ananas	Pineapple
Appel	Apple
Asperge	Asparagus
Aubergine	Eggplant
Banaan	Banana
Broccoli	Broccoli
Brood	Bread
Druif	Grape
Ei	Egg
Ham	Ham
Kaas	Cheese
Kip	Chicken
Kiwi	Kiwi
Perzik	Peach
Rijst	Rice
Tarwe	Wheat
Tomaat	Tomato
Vis	Fish
Yoghurt	Yogurt

Exploratie
Exploration

Activiteit	Activity
Bepaling	Determination
Culturen	Cultures
Dieren	Animals
Gevaarlijk	Perilous
Gevaren	Hazards
Leren	To Learn
Moed	Courage
Nieuw	New
Onbekend	Unknown
Ontdekking	Discovery
Opwinding	Excitement
Reis	Travel
Ruimte	Space
Taal	Language
Terrein	Terrain
Uitputting	Exhaustion
Ver	Distant
Wild	Wild

Familie
Family

Broer	Brother
Dochter	Daughter
Grootmoeder	Grandmother
Jeugd	Childhood
Kind	Child
Kinderen	Children
Kleinkind	Grandchild
Kleinzoon	Grandson
Man	Husband
Moeder	Mother
Neef	Nephew
Nicht	Niece
Oom	Uncle
Opa	Grandfather
Tante	Aunt
Vader	Father
Vaderlijk	Paternal
Voorouder	Ancestor
Vrouw	Wife
Zus	Sister

Fruit
Fruit

Abrikoos	Apricot
Ananas	Pineapple
Appel	Apple
Avocado	Avocado
Banaan	Banana
Bes	Berry
Citroen	Lemon
Druif	Grape
Framboos	Raspberry
Kers	Cherry
Kiwi	Kiwi
Kokosnoot	Coconut
Mango	Mango
Meloen	Melon
Nectarine	Nectarine
Oranje	Orange
Papaja	Papaya
Peer	Pear
Perzik	Peach
Pruim	Plum

Gebouwen
Buildings

Ambassade	Embassy
Appartement	Apartment
Bioscoop	Cinema
Boerderij	Farm
Cabine	Cabin
Fabriek	Factory
Hotel	Hotel
Kasteel	Castle
Laboratorium	Laboratory
Museum	Museum
Observatorium	Observatory
School	School
Schuur	Barn
Stadion	Stadium
Supermarkt	Supermarket
Tent	Tent
Theater	Theater
Toren	Tower
Universiteit	University
Ziekenhuis	Hospital

Geografie
Geography

Atlas	Atlas
Berg	Mountain
Breedtegraad	Latitude
Continent	Continent
Eiland	Island
Evenaar	Equator
Halfrond	Hemisphere
Hoogte	Altitude
Kaart	Map
Land	Country
Meridiaan	Meridian
Noorden	North
Oceaan	Ocean
Regio	Region
Rivier	River
Stad	City
Wereld	World
Westen	West
Zee	Sea
Zuiden	South

Geologie
Geology

Aardbeving	Earthquake
Calcium	Calcium
Continent	Continent
Erosie	Erosion
Fossiel	Fossil
Geiser	Geyser
Gesmolten	Molten
Grot	Cavern
Koraal	Coral
Kristallen	Crystals
Kwarts	Quartz
Laag	Layer
Lava	Lava
Plateau	Plateau
Stalactiet	Stalactite
Steen	Stone
Vulkaan	Volcano
Zone	Zone
Zout	Salt
Zuur	Acid

Getallen
Numbers

Acht	Eight
Achttien	Eighteen
Dertien	Thirteen
Drie	Three
Een	One
Negen	Nine
Negentien	Nineteen
Nul	Zero
Tien	Ten
Twaalf	Twelve
Twee	Two
Twintig	Twenty
Veertien	Fourteen
Vier	Four
Vijf	Five
Vijftien	Fifteen
Zes	Six
Zestien	Sixteen
Zeven	Seven
Zeventien	Seventeen

Groenten
Vegetables

Artisjok	Artichoke
Aubergine	Eggplant
Broccoli	Broccoli
Erwt	Pea
Gember	Ginger
Knoflook	Garlic
Komkommer	Cucumber
Olijf	Olive
Paddestoel	Mushroom
Peterselie	Parsley
Pompoen	Pumpkin
Raap	Turnip
Radijs	Radish
Salade	Salad
Selderij	Celery
Sjalot	Shallot
Spinazie	Spinach
Tomaat	Tomato
Ui	Onion
Wortel	Carrot

Haartypes
Hair Types

Blond	Blond
Bruin	Brown
Dik	Thick
Droog	Dry
Dun	Thin
Gekleurd	Colored
Gevlochten	Braided
Gezond	Healthy
Golvend	Wavy
Grijs	Gray
Hoofdhuid	Scalp
Kaal	Bald
Kort	Short
Krullen	Curls
Krullend	Curly
Lang	Long
Wit	White
Zacht	Soft
Zilver	Silver
Zwart	Black

Herbalisme
Herbalism

Aromatisch	Aromatic
Basilicum	Basil
Bloem	Flower
Culinair	Culinary
Dille	Dill
Dragon	Tarragon
Groen	Green
Ingrediënt	Ingredient
Knoflook	Garlic
Kwaliteit	Quality
Lavendel	Lavender
Marjolein	Marjoram
Oregano	Oregano
Peterselie	Parsley
Rozemarijn	Rosemary
Saffraan	Saffron
Smaak	Flavor
Tijm	Thyme
Tuin	Garden
Venkel	Fennel

Huis
House

Bezem	Broom
Bibliotheek	Library
Dak	Roof
Deur	Door
Douche	Shower
Garage	Garage
Haard	Fireplace
Hek	Fence
Kamer	Room
Kelder	Basement
Keuken	Kitchen
Lamp	Lamp
Meubilair	Furniture
Muur	Wall
Plafond	Ceiling
Schoorsteen	Chimney
Slaapkamer	Bedroom
Spiegel	Mirror
Tapijt	Rug
Tuin	Garden

Huisdieren
Pets

Dierenarts	Veterinarian
Geit	Goat
Hagedis	Lizard
Hamster	Hamster
Hond	Dog
Kat	Cat
Katje	Kitten
Klauwen	Claws
Koe	Cow
Konijn	Rabbit
Kraag	Collar
Muis	Mouse
Papegaai	Parrot
Poten	Paws
Puppy	Puppy
Schildpad	Turtle
Staart	Tail
Vis	Fish
Voedsel	Food
Water	Water

Insecten
Insects

Bidsprinkhaan	Mantis
Bij	Bee
Bladluis	Aphid
Cicade	Cicada
Horzel	Hornet
Kakkerlak	Cockroach
Kever	Beetle
Larve	Larva
Libel	Dragonfly
Mier	Ant
Mot	Moth
Mug	Mosquito
Sprinkhaan	Grasshopper
Termiet	Termite
Vlinder	Butterfly
Vlo	Flea
Wesp	Wasp
Worm	Worm

Installaties
Plants

Bamboe	Bamboo
Bes	Berry
Blad	Leaf
Bloem	Flower
Boom	Tree
Boon	Bean
Bos	Forest
Cactus	Cactus
Flora	Flora
Gebladerte	Foliage
Gras	Grass
Klimop	Ivy
Kruid	Herb
Mest	Fertilizer
Mos	Moss
Plantkunde	Botany
Struik	Bush
Tuin	Garden
Vegetatie	Vegetation
Wortel	Root

Kampioenschap
Championship

Ademen	To Breathe
Finalist	Finalist
Games	Games
Kampioen	Champion
Kampioenschap	Championship
Liga	League
Medaille	Medal
Motivatie	Motivation
Prestatie	Performance
Rechter	Judge
Sport	Sports
Strategie	Strategy
Team	Team
Toernooi	Tournament
Trainer	Coach
Transpiratie	Perspiration
Zege	Victory

Kastelen
Castles

Draak	Dragon
Dynastie	Dynasty
Edele	Noble
Eenhoorn	Unicorn
Feodaal	Feudal
Harnas	Armor
Katapult	Catapult
Kerker	Dungeon
Koninkrijk	Kingdom
Kroon	Crown
Muur	Wall
Paard	Horse
Paleis	Palace
Prins	Prince
Prinses	Princess
Ridder	Knight
Rijk	Empire
Schild	Shield
Toren	Tower
Zwaard	Sword

Katten
Cats

Bont	Fur
Garen	Yarn
Gek	Crazy
Grappig	Funny
Jager	Hunter
Klauw	Claw
Klein	Little
Muis	Mouse
Nieuwsgierig	Curious
Onafhankelijk	Independent
Persoonlijkheid	Personality
Poot	Paw
Slaap	Sleep
Snel	Fast
Speels	Playful
Staart	Tail
Verlegen	Shy
Wild	Wild

Keuken
Kitchen

Cup	Cups
Eetstokjes	Chopsticks
Grill	Grill
Ketel	Kettle
Koelkast	Refrigerator
Kom	Bowl
Kruik	Jug
Lepels	Spoons
Messen	Knives
Oven	Oven
Pollepel	Ladle
Pot	Jar
Recept	Recipe
Schort	Apron
Servet	Napkin
Specerijen	Spices
Spons	Sponge
Voedsel	Food
Vorken	Forks
Vriezer	Freezer

Kleding
Clothes

Armband	Bracelet
Blouse	Blouse
Broek	Pants
Handschoenen	Gloves
Hoed	Hat
Jas	Coat
Jasje	Jacket
Jurk	Dress
Ketting	Necklace
Mode	Fashion
Pyjama	Pajamas
Riem	Belt
Rok	Skirt
Sandalen	Sandals
Schoen	Shoe
Schort	Apron
Shirt	Shirt
Sjaal	Scarf
Sokken	Socks
Trui	Sweater

Kleuren
Colors

Azuur	Azure
Beige	Beige
Blauw	Blue
Bruin	Brown
Cyaan	Cyan
Fuchsia	Fuchsia
Geel	Yellow
Grijs	Grey
Groen	Green
Indigo	Indigo
Magenta	Magenta
Oranje	Orange
Paars	Purple
Rood	Red
Roze	Pink
Sepia	Sepia
Wit	White
Zwart	Black

Klimmen
Climbing

Atmosfeer	Atmosphere
Deskundige	Expert
Fysiek	Physical
Gidsen	Guides
Grot	Cave
Handschoenen	Gloves
Helm	Helmet
Hoogte	Altitude
Kaart	Map
Kracht	Strength
Laarzen	Boots
Letsel	Injury
Nieuwsgierigheid	Curiosity
Opleiding	Training
Smal	Narrow
Stabiliteit	Stability
Terrein	Terrain
Uitdagingen	Challenges
Wandelen	Hiking

Komedie
Comedy

Acteur	Actor
Actrice	Actress
Applaus	Applause
Clowns	Clowns
Expressief	Expressive
Gelach	Laughter
Genre	Gonro
Grappen	Jokes
Grappig	Funny
Humor	Humor
Improvisatie	Improvisation
Parodie	Parody
Plezier	Fun
Publiek	Audience
Slim	Clever
Televisie	Television
Theater	Theater

Kunst
Art

Beeldhouwwerk	Sculpture
Complex	Complex
Creëren	Create
Eenvoudig	Simple
Eerlijk	Honest
Figuur	Figure
Geïnspireerd	Inspired
Humeur	Mood
Keramisch	Ceramic
Onderwerp	Subject
Origineel	Original
Persoonlijk	Personal
Poëzie	Poetry
Portretteren	Portray
Samenstelling	Composition
Schilderijen	Paintings
Surrealisme	Surrealism
Symbool	Symbol
Uitdrukking	Expression
Visueel	Visual

Kunstbenodigdheden
Art Supplies

Acryl	Acrylic
Aquarellen	Watercolors
Borstels	Brushes
Camera	Camera
Creativiteit	Creativity
Ezel	Easel
Gom	Eraser
Houtskool	Charcoal
Inkt	Ink
Klei	Clay
Kleuren	Colors
Lijm	Glue
Olie	Oil
Papier	Paper
Pastel	Pastels
Potloden	Pencils
Stoel	Chair
Tafel	Table
Verf	Paints
Water	Water

Landen #2
Countries #2

Denemarken	Denmark
Ethiopië	Ethiopia
Frankrijk	France
Griekenland	Greece
Ierland	Ireland
Indonesië	Indonesia
Japan	Japan
Kenia	Kenya
Laos	Laos
Libanon	Lebanon
Liberia	Liberia
Maleisië	Malaysia
Mexico	Mexico
Nepal	Nepal
Nigeria	Nigeria
Oeganda	Uganda
Oekraïne	Ukraine
Rusland	Russia
Somalië	Somalia
Syrië	Syria

Landschappen
Landscapes

Berg	Mountain
Eiland	Island
Geiser	Geyser
Gletsjer	Glacier
Grot	Cave
Heuvel	Hill
Ijsberg	Iceberg
Meer	Lake
Moeras	Swamp
Oase	Oasis
Oceaan	Ocean
Rivier	River
Schiereiland	Peninsula
Strand	Beach
Toendra	Tundra
Vallei	Valley
Vulkaan	Volcano
Waterval	Waterfall
Woestijn	Desert
Zee	Sea

Literatuur
Literature

Analogie	Analogy
Analyse	Analysis
Anekdote	Anecdote
Auteur	Author
Biografie	Biography
Conclusie	Conclusion
Dialoog	Dialogue
Fictie	Fiction
Gedicht	Poem
Mening	Opinion
Metafoor	Metaphor
Poëtisch	Poetic
Rijm	Rhyme
Ritme	Rhythm
Roman	Novel
Stijl	Style
Thema	Theme
Tragedie	Tragedy
Vergelijking	Comparison
Verteller	Narrator

Meditatie
Meditation

Aandacht	Attention
Aanvaarding	Acceptance
Ademhaling	Breathing
Beweging	Movement
Dankbaarheid	Gratitude
Emoties	Emotions
Gedachten	Thoughts
Geluk	Happiness
Helderheid	Clarity
Houding	Posture
Mededogen	Compassion
Mentaal	Mental
Muziek	Music
Natuur	Nature
Observatie	Observation
Perspectief	Perspective
Stilte	Silence
Vrede	Peace
Vriendelijkheid	Kindness
Wakker	Awake

Meer Informatie
Science Fiction

Bioscoop	Cinema
Boeken	Books
Brand	Fire
Denkbeeldig	Imaginary
Dystopie	Dystopia
Explosie	Explosion
Extreem	Extreme
Fantastisch	Fantastic
Futuristisch	Futuristic
Illusie	Illusion
Mysterieus	Mysterious
Orakel	Oracle
Planeet	Planet
Realistisch	Realistic
Robots	Robots
Scenario	Scenario
Sterrenstelsel	Galaxy
Technologie	Technology
Utopie	Utopia
Wereld	World

Menselijk Lichaam
Human Body

Been	Leg
Bloed	Blood
Elleboog	Elbow
Enkel	Ankle
Hand	Hand
Hart	Heart
Hersenen	Brain
Hoofd	Head
Huid	Skin
Kaak	Jaw
Kin	Chin
Knie	Knee
Maag	Stomach
Mond	Mouth
Nek	Neck
Neus	Nose
Oor	Ear
Schouder	Shoulder
Tong	Tongue
Vinger	Finger

Metingen
Measurements

Breedte	Width
Byte	Byte
Centimeter	Centimeter
Decimaal	Decimal
Diepte	Depth
Gewicht	Weight
Gram	Gram
Hoogte	Height
Inch	Inch
Kilogram	Kilogram
Kilometer	Kilometer
Lengte	Length
Liter	Liter
Massa	Mass
Meter	Meter
Minuut	Minute
Ons	Ounce
Pint	Pint
Ton	Ton
Volume	Volume

Meubels
Furniture

Bank	Bench
Bed	Bed
Boekenkast	Bookcase
Bureau	Desk
Dekbedden	Comforters
Dressoir	Dresser
Fauteuil	Armchair
Futon	Futon
Gordijnen	Curtains
Hangmat	Hammock
Kussen	Pillow
Kussens	Cushions
Lamp	Lamp
Matras	Mattress
Planken	Shelves
Spiegel	Mirror
Stoel	Chair
Tapijt	Rug

Muziekinstrumenten
Musical Instruments

Banjo	Banjo
Cello	Cello
Fagot	Bassoon
Fluit	Flute
Gitaar	Guitar
Gong	Gong
Harp	Harp
Hobo	Oboe
Klarinet	Clarinet
Mandoline	Mandolin
Marimba	Marimba
Mondharmonica	Harmonica
Percussie	Percussion
Piano	Piano
Saxofoon	Saxophone
Tamboerijn	Tambourine
Trombone	Trombone
Trommel	Drum
Trompet	Trumpet
Viool	Violin

Mythologie
Mythology

Archetype	Archetype
Bliksem	Lightning
Creatie	Creation
Cultuur	Culture
Donder	Thunder
Doolhof	Labyrinth
Gedrag	Behavior
Held	Hero
Heldin	Heroine
Hemel	Heaven
Jaloezie	Jealousy
Kracht	Strength
Krijger	Warrior
Legende	Legend
Monster	Monster
Onsterfelijkheid	Immortality
Ramp	Disaster
Sterfelijk	Mortal
Wezen	Creature
Wraak	Revenge

Natuur
Nature

Arctisch	Arctic
Bijen	Bees
Bos	Forest
Dieren	Animals
Dynamisch	Dynamic
Erosie	Erosion
Gebladerte	Foliage
Gletsjer	Glacier
Heiligdom	Sanctuary
Klippen	Cliffs
Mist	Fog
Rivier	River
Schoonheid	Beauty
Schuilplaats	Shelter
Sereen	Serene
Tropisch	Tropical
Vitaal	Vital
Wild	Wild
Woestijn	Desert
Wolken	Clouds

Oceaan
Ocean

Aal	Eel
Algen	Algae
Boot	Boat
Dolfijn	Dolphin
Garnaal	Shrimp
Getijden	Tides
Haai	Shark
Koraal	Coral
Krab	Crab
Kwal	Jellyfish
Octopus	Octopus
Oester	Oyster
Rif	Reef
Schildpad	Turtle
Spons	Sponge
Storm	Storm
Tonijn	Tuna
Vis	Fish
Walvis	Whale
Zout	Salt

Om in te Vullen
To Fill

Bekken	Basin
Buis	Tube
Dienblad	Tray
Doos	Box
Emmer	Bucket
Envelop	Envelope
Fles	Bottle
Karton	Carton
Koffer	Suitcase
Krat	Crate
Lade	Drawer
Mand	Basket
Map	Folder
Pakje	Packet
Pot	Jar
Vaas	Vase
Vat	Barrel
Zak	Pocket

Piraten
Pirates

Anker	Anchor
Avontuur	Adventure
Bemanning	Crew
Eiland	Island
Gevaar	Danger
Goud	Gold
Grot	Cave
Kaart	Map
Kapitein	Captain
Kompas	Compass
Legende	Legend
Litteken	Scar
Oceaan	Ocean
Papegaai	Parrot
Rum	Rum
Schat	Treasure
Slecht	Bad
Strand	Beach
Vlag	Flag
Zwaard	Sword

Regenwoud
Rainforest

Amfibieën	Amphibians
Behoud	Preservation
Botanisch	Botanical
Diversiteit	Diversity
Gemeenschap	Community
Inheems	Indigenous
Insecten	Insects
Jungle	Jungle
Klimaat	Climate
Mos	Moss
Natuur	Nature
Overleving	Survival
Respect	Respect
Restauratie	Restoration
Soort	Species
Toevlucht	Refuge
Vogels	Birds
Waardevol	Valuable
Wolken	Clouds
Zoogdieren	Mammals

Restaurant #1
Restaurant #1

Allergie	Allergy
Bord	Plate
Brood	Bread
Eten	To Eat
Ingrediënten	Ingredients
Kassier	Cashier
Keuken	Kitchen
Kip	Chicken
Koffie	Coffee
Kom	Bowl
Menu	Menu
Mes	Knife
Pittig	Spicy
Reservering	Reservation
Saus	Sauce
Serveerster	Waitress
Servet	Napkin
Toetje	Dessert
Vlees	Meat
Voedsel	Food

Restaurant #2
Restaurant #2

Cake	Cake
Diner	Dinner
Drank	Beverage
Eieren	Eggs
Fruit	Fruit
Groente	Vegetables
Heerlijk	Delicious
Ijs	Ice
Lepel	Spoon
Lunch	Lunch
Noedels	Noodles
Ober	Waiter
Salade	Salad
Soep	Soup
Specerijen	Spices
Stoel	Chair
Vis	Fish
Vork	Fork
Water	Water
Zout	Salt

Rijden
Driving

Auto	Car
Brandstof	Fuel
Garage	Garage
Gas	Gas
Gevaar	Danger
Kaart	Map
Licentie	License
Motor	Motor
Motorfiets	Motorcycle
Ongeluk	Accident
Politie	Police
Remmen	Brakes
Snelheid	Speed
Straat	Street
Tunnel	Tunnel
Veiligheid	Safety
Verkeer	Traffic
Voetganger	Pedestrian
Vrachtauto	Truck
Weg	Road

Schaken
Chess

Diagonaal	Diagonal
Kampioen	Champion
Koning	King
Koningin	Queen
Leren	To Learn
Offer	Sacrifice
Passief	Passive
Punten	Points
Reglement	Rules
Slim	Clever
Spel	Game
Speler	Player
Strategie	Strategy
Tegenstander	Opponent
Tijd	Time
Toernooi	Tournament
Uitdagingen	Challenges
Wedstrijd	Contest
Wit	White
Zwart	Black

School #1
School #1

Alfabet	Alphabet
Antwoorden	Answers
Bibliotheek	Library
Boeken	Books
Bureau	Desk
Examens	Exams
Klaslokaal	Classroom
Leraar	Teacher
Leren	To Learn
Lunch	Lunch
Mappen	Folders
Markeringen	Markers
Papier	Paper
Pennen	Pens
Plezier	Fun
Potlood	Pencil
Quiz	Quiz
Stoel	Chair
Vrienden	Friends
Wiskunde	Math

School #2
School #2

Academisch	Academic
Bibliotheek	Library
Bus	Bus
Computer	Computer
Grammatica	Grammar
Huiswerk	Homework
Kalender	Calendar
Leraar	Teacher
Literatuur	Literature
Onderwijs	Education
Papier	Paper
Pennen	Pens
Potlood	Pencil
Rugzak	Backpack
Schaar	Scissors
Schoenen	Shoes
Weekend	Weekends
Wetenschap	Science
Wiskunde	Math
Woordenboek	Dictionary

Specerijen
Spices

Anijs	Anise
Bitter	Bitter
Fenegriek	Fenugreek
Gember	Ginger
Kaneel	Cinnamon
Kardemom	Cardamom
Kerrie	Curry
Knoflook	Garlic
Komijn	Cumin
Koriander	Coriander
Kruidnagel	Clove
Nootmuskaat	Nutmeg
Paprika	Paprika
Saffraan	Saffron
Smaak	Flavor
Ui	Onion
Vanille	Vanilla
Venkel	Fennel
Zoet	Sweet
Zout	Salt

Speelgoed
Toys

Ambachten	Crafts
Auto	Car
Bal	Ball
Boeken	Books
Boot	Boat
Drums	Drums
Favoriet	Favorite
Fiets	Bicycle
Games	Games
Klei	Clay
Pop	Doll
Puzzel	Puzzle
Robot	Robot
Schaak	Chess
Trein	Train
Verbeelding	Imagination
Verf	Paints
Vlieger	Kite
Vliegtuig	Airplane
Vrachtauto	Truck

Sport
Sports

Atleet	Athlete
Basketbal	Basketball
Beweging	Movement
Fiets	Bicycle
Golf	Golf
Gymnasium	Gymnasium
Gymnastiek	Gymnastics
Hockey	Hockey
Honkbal	Baseball
Kampioenschap	Championship
Scheidsrechter	Referee
Spel	Game
Speler	Player
Stadion	Stadium
Team	Team
Tennis	Tennis
Trainer	Coach
Winnaar	Winner
Zwemmen	To Swim

Stad
Town

Apotheek	Pharmacy
Bakkerij	Bakery
Bank	Bank
Bibliotheek	Library
Bioscoop	Cinema
Bloemist	Florist
Boekhandel	Bookstore
Dierentuin	Zoo
Galerij	Gallery
Hotel	Hotel
Kliniek	Clinic
Luchthaven	Airport
Markt	Market
Museum	Museum
School	School
Stadion	Stadium
Supermarkt	Supermarket
Theater	Theater
Universiteit	University
Winkel	Store

Strand
Beach

Blauw	Blue
Boot	Boat
Dok	Dock
Eiland	Island
Handdoek	Towel
Krab	Crab
Kust	Coast
Lagune	Lagoon
Oceaan	Ocean
Paraplu	Umbrella
Rif	Reef
Sandalen	Sandals
Schelpen	Shells
Vakantie	Vacation
Zand	Sand
Zee	Sea
Zeilboot	Sailboat
Zon	Sun
Zwemmen	To Swim

Surfen
Surfing

Atleet	Athlete
Beginner	Beginner
Extreem	Extreme
Golf	Wave
Kampioen	Champion
Kracht	Strength
Maag	Stomach
Menigte	Crowds
Oceaan	Ocean
Peddelen	Paddle
Plezier	Fun
Populair	Popular
Rif	Reef
Schuim	Foam
Snelheid	Speed
Spray	Spray
Stijl	Style
Strand	Beach
Weer	Weather
Zwemmen	To Swim

Technologie
Technology

Bericht	Message
Bestand	File
Blog	Blog
Browser	Browser
Bytes	Bytes
Camera	Camera
Computer	Computer
Cursor	Cursor
Digitaal	Digital
Gegevens	Data
Internet	Internet
Lettertype	Font
Onderzoek	Research
Scherm	Screen
Software	Software
Statistiek	Statistics
Veiligheid	Security
Virtueel	Virtual
Virus	Virus

Tijd
Time

Dag	Day
Decennium	Decade
Eeuw	Century
Gisteren	Yesterday
Jaar	Year
Jaarlijks	Annual
Kalender	Calendar
Klok	Clock
Maand	Month
Middag	Noon
Minuut	Minute
Na	After
Nacht	Night
Nu	Now
Ochtend	Morning
Toekomst	Future
Uur	Hour
Vandaag	Today
Vroeg	Early
Week	Week

Tuin
Garden

Bank	Bench
Bloem	Flower
Boom	Tree
Boomgaard	Orchard
Garage	Garage
Gazon	Lawn
Gras	Grass
Hangmat	Hammock
Hark	Rake
Hek	Fence
Onkruid	Weeds
Rotsen	Rocks
Schop	Shovel
Slang	Hose
Struik	Bush
Terras	Terrace
Trampoline	Trampoline
Tuin	Garden
Vijver	Pond
Wijnstok	Vine

Vakantie #2
Vacation #2

Bestemming	Destination
Buitenlander	Foreigner
Buitenlands	Foreign
Eiland	Island
Hotel	Hotel
Kaart	Map
Kamperen	Camping
Luchthaven	Airport
Paspoort	Passport
Reis	Journey
Reserveringen	Reservations
Restaurant	Restaurant
Strand	Beach
Taxi	Taxi
Tent	Tent
Trein	Train
Vakantie	Holiday
Visum	Visa
Vrije Tijd	Leisure
Zee	Sea

Verjaardag
Birthday

Cake	Cake
Dag	Day
Geboren	Born
Gelukkig	Happy
Geschenk	Gift
Herinneringen	Memories
Jaar	Year
Jong	Young
Kaarsen	Candles
Kaarten	Cards
Kalender	Calendar
Lied	Song
Ouder	Older
Plezier	Fun
Speciaal	Special
Tijd	Time
Uitnodigingen	Invitations
Viering	Celebration
Vrienden	Friends
Wijsheid	Wisdom

Vissen
Fishing

Aas	Bait
Apparatuur	Equipment
Boot	Boat
Draad	Wire
Geduld	Patience
Gewicht	Weight
Haak	Hook
Kaak	Jaw
Kieuwen	Gills
Kok	Cook
Mand	Basket
Meer	Lake
Oceaan	Ocean
Overdrijving	Exaggeration
Rivier	River
Seizoen	Season
Strand	Beach
Vinnen	Fins
Water	Water

Vliegtuigen
Airplanes

Afdaling	Descent
Atmosfeer	Atmosphere
Avontuur	Adventure
Ballon	Balloon
Bemanning	Crew
Bouw	Construction
Brandstof	Fuel
Geschiedenis	History
Hemel	Sky
Hoogte	Height
Landen	Landing
Lucht	Air
Motor	Engine
Navigeren	Navigate
Ontwerp	Design
Passagier	Passenger
Piloot	Pilot
Richting	Direction
Turbulentie	Turbulence
Waterstof	Hydrogen

Voeding
Nutrition

Bitter	Bitter
Calorieën	Calories
Dieet	Diet
Eetbaar	Edible
Eetlust	Appetite
Eiwitten	Proteins
Evenwichtig	Balanced
Fermentatie	Fermentation
Gewicht	Weight
Gezond	Healthy
Gezondheid	Health
Koolhydraten	Carbohydrates
Kwaliteit	Quality
Saus	Sauce
Smaak	Flavor
Spijsvertering	Digestion
Toxine	Toxin
Vitamine	Vitamin
Vloeistoffen	Liquids
Voedingsstof	Nutrient

Voertuigen
Vehicles

Ambulance	Ambulance
Auto	Car
Banden	Tires
Boot	Boat
Bus	Bus
Caravan	Caravan
Fiets	Bicycle
Helikopter	Helicopter
Metro	Subway
Motor	Motor
Onderzeeër	Submarine
Raket	Rocket
Scooter	Scooter
Taxi	Taxi
Tractor	Tractor
Trein	Train
Veerboot	Ferry
Vliegtuig	Airplane
Vlot	Raft
Vrachtauto	Truck

Vogels
Birds

Duif	Pigeon
Eend	Duck
Ei	Egg
Flamingo	Flamingo
Gans	Goose
Kip	Chicken
Koekoek	Cuckoo
Kraai	Crow
Meeuw	Gull
Mus	Sparrow
Ooievaar	Stork
Papegaai	Parrot
Pauw	Peacock
Pelikaan	Pelican
Pinguïn	Penguin
Reiger	Heron
Struisvogel	Ostrich
Toekan	Toucan
Uil	Owl
Zwaan	Swan

Vormen
Shapes

Bol	Sphere
Boog	Arc
Cilinder	Cylinder
Cirkel	Circle
Curve	Curve
Driehoek	Triangle
Hoek	Corner
Hyperbool	Hyperbola
Kant	Side
Kegel	Cone
Kubus	Cube
Lijn	Line
Ovaal	Oval
Piramide	Pyramid
Prisma	Prism
Randen	Edges
Rechthoek	Rectangle
Ronde	Round
Veelhoek	Polygon
Vierkant	Square

Wandelen
Hiking

Berg	Mountain
Dieren	Animals
Gevaren	Hazards
Kaart	Map
Kamperen	Camping
Klif	Cliff
Klimaat	Climate
Laarzen	Boots
Moe	Tired
Muggen	Mosquitoes
Natuur	Nature
Oriëntatie	Orientation
Parken	Parks
Stenen	Stones
Top	Summit
Voorbereiding	Preparation
Water	Water
Wild	Wild
Zon	Sun
Zwaar	Heavy

Water
Water

Douche	Shower
Geiser	Geyser
Golven	Waves
Ijs	Ice
Irrigatie	Irrigation
Kanaal	Canal
Meer	Lake
Moesson	Monsoon
Oceaan	Ocean
Orkaan	Hurricane
Overstroming	Flood
Regen	Rain
Rivier	River
Sneeuw	Snow
Stoom	Steam
Verdamping	Evaporation
Vocht	Moisture
Vochtig	Damp
Vochtigheid	Humidity
Vorst	Frost

Weersomstandigheden
Weather

Atmosfeer	Atmosphere
Bliksem	Lightning
Donder	Thunder
Droogte	Drought
Hemel	Sky
Ijs	Ice
Klimaat	Climate
Mist	Fog
Moesson	Monsoon
Orkaan	Hurricane
Overstroming	Flood
Polair	Polar
Regenboog	Rainbow
Storm	Storm
Temperatuur	Temperature
Tornado	Tornado
Tropisch	Tropical
Vochtig	Humid
Wind	Wind
Wolk	Cloud

Wetenschap
Science

Atoom	Atom
Chemisch	Chemical
Deeltjes	Particles
Evolutie	Evolution
Experiment	Experiment
Feit	Fact
Fossiel	Fossil
Gegevens	Data
Hypothese	Hypothesis
Klimaat	Climate
Laboratorium	Laboratory
Methode	Method
Mineralen	Minerals
Moleculen	Molecules
Natuur	Nature
Natuurkunde	Physics
Observatie	Observation
Organisme	Organism
Wetenschapper	Scientist
Zwaartekracht	Gravity

Wetenschappelijke Discip
Scientific Disciplines

Anatomie	Anatomy
Archeologie	Archaeology
Astronomie	Astronomy
Biochemie	Biochemistry
Biologie	Biology
Chemie	Chemistry
Ecologie	Ecology
Fysiologie	Physiology
Geologie	Geology
Immunologie	Immunology
Mechanica	Mechanics
Meteorologie	Meteorology
Mineralogie	Mineralogy
Neurologie	Neurology
Plantkunde	Botany
Psychologie	Psychology
Robotica	Robotics
Sociologie	Sociology
Voeding	Nutrition
Zoölogie	Zoology

Wiskunde
Math

Decimaal	Decimal
Diameter	Diameter
Divisie	Division
Driehoek	Triangle
Exponent	Exponent
Fractie	Fraction
Geometrie	Geometry
Hoeken	Angles
Loodrecht	Perpendicular
Omtrek	Circumference
Parallel	Parallel
Parallellogram	Parallelogram
Rechthoek	Rectangle
Rekenkundig	Arithmetic
Som	Sum
Symmetrie	Symmetry
Veelhoek	Polygon
Vergelijking	Equation
Vierkant	Square
Volume	Volume

Zomer
Summer

Boeken	Books
Duiken	Diving
Familie	Family
Herinneringen	Memories
Huis	Home
Kamperen	Camping
Muziek	Music
Ontspanning	Relaxation
Reis	Travel
Sandalen	Sandals
Sterren	Stars
Strand	Beach
Tuin	Garden
Vakantie	Vacation
Voedsel	Food
Vreugde	Joy
Vrienden	Friends
Vrije Tijd	Leisure
Zee	Sea
Zwemmen	To Swim

Zoogdieren
Mammals

Aap	Monkey
Bever	Beaver
Coyote	Coyote
Dolfijn	Dolphin
Ezel	Donkey
Geit	Goat
Giraf	Giraffe
Gorilla	Gorilla
Hond	Dog
Kameel	Camel
Kangoeroe	Kangaroo
Kat	Cat
Konijn	Rabbit
Leeuw	Lion
Olifant	Elephant
Paard	Horse
Stier	Bull
Vos	Fox
Walvis	Whale
Wolf	Wolf

Gefeliciteerd

Je hebt het gehaald!

We hopen dat u net zoveel plezier beleeft aan dit boek als wij aan het maken ervan. We doen ons best om spellen van hoge kwaliteit te maken.
Deze puzzels zijn op een slimme manier ontworpen zodat je actief kunt leren terwijl je plezier hebt!

Vond je ze mooi?

Een Eenvoudig Verzoek

Onze boeken bestaan dankzij de recensies die zij publiceren. Kunt u ons helpen door nu een mening achter te laten ?

Hier is een korte link die u naar uw bestellingen beoordelingspagina.

BestBooksActivity.com/Recensie50

FINAAL UITDAGING!

Uitdaging nr. 1

Klaar voor uw bonusspel? We gebruiken ze de hele tijd, maar ze zijn niet zo gemakkelijk te vinden. Hier zijn **Synoniemen!**

Noteer 5 woorden die je ontdekt hebt in elk van de onderstaande puzzels (nr. 21, nr. 36, nr. 76) en probeer voor elk woord 2 synoniemen te vinden.

Notitie 5 Woorden uit *Puzzle 21*

Woorden	Synoniem 1	Synoniem 2

Notitie 5 Woorden uit *Puzzle 36*

Woorden	Synoniem 1	Synoniem 2

Notitie 5 Woorden uit *Puzzle 76*

Woorden	Synoniem 1	Synoniem 2

Uitdaging nr. 2

Nu je opgewarmd bent, noteer 5 woorden die je ontdekt hebt in elke hieronder genoteerde puzzel (nr. 9, nr. 17, nr. 25) en probeer voor elk woord 2 antoniemen te vinden. Hoeveel regels kan je doen in 20 minuten?

Notitie 5 Woorden uit *Puzzle 9*

Woorden	Antoniem 1	Antoniem 2

Notitie 5 Woorden uit *Puzzle 17*

Woorden	Antoniem 1	Antoniem 2

Notitie 5 Woorden uit *Puzzle 25*

Woorden	Antoniem 1	Antoniem 2

Uitdaging nr. 3

Prachtig, deze finaal uitdaging is makkelijk voor jou!

Klaar voor de laatste? Kies je 10 favoriete woorden die je in een van de puzzels hebt ontdekt en noteer ze hieronder.

1.	6.
2.	7.
3.	8.
4.	9.
5.	10.

De uitdaging is nu om met deze woorden en binnen een maximum van zes zinnen een tekst te schrijven over een persoon, dier of plaats waar je van houdt!

Tip: U kunt de laatste blanco pagina van dit boek als kladblaadje gebruiken!

Je schrijven:

NOTITIEBOEKJE:

TOT SNEL!

GENIET VAN GRATIS SPELLEN

GO

BESTACTIVITYBOOKS.COM/FREEGAMES

www.ingramcontent.com/pod-product-compliance
Lightning Source LLC
Chambersburg PA
CBHW082056120626
46553CB00011B/3426